BLAS.

RUY BLAS.

REPRÉSENTÉ POUR LA PREMIÈRE FOIS
LE 8 NOVEMBRE 1838,
POUR L'OUVERTURE DU THÉATRE DE LA RENAISSANCE.

BÉTHUNE ET PLON, IMP.

RUY BLAS,

DRAME EN CINQ ACTES,

PAR

VICTOR HUGO.

LEIPZIG,

CHEZ BROCKHAUS ET AVENARIUS.

1838.

Trois espèces de spectateurs composent ce qu'on est convenu d'appeler le public : premièrement, les femmes; deuxièmement, les penseurs; troisièmement, la foule proprement dite. Ce que la foule demande presque exclusivement à l'œuvre dramatique, c'est de l'action; ce que les femmes y veulent avant tout, c'est de la passion; ce qu'y cherchent plus spécialement les penseurs, ce sont des caractères. Si l'on étudie attentivement ces trois classes de spectateurs, voici ce qu'on remarque : la foule est tellement amoureuse de l'action qu'au besoin elle fait bon marché des caractères et des passions[1]. Les femmes, que l'action intéresse d'ailleurs, sont si absorbées par les développemens de la passion, qu'elles se préoccupent peu du dessin des caractères; quant aux penseurs, ils ont un tel goût de voir des caractères, c'est-à-dire, des hommes vivre sur la scène que, tout en accueillant volontiers la passion comme incident naturel dans l'œuvre dramatique, ils en viennent presque à y être importunés par l'action. Cela tient à ce que la foule demande surtout au théâtre des sensations; la femme des émotions; le penseur des méditations : tous veulent un plaisir, mais ceux-ci, le plaisir des yeux; celles-là le plaisir du cœur; les derniers, le plaisir de l'esprit. De là, sur notre scène, trois espèces d'œuvres bien distinctes, l'une vulgaire et inférieure, les deux autres illustres et supérieures, mais qui toutes les trois satisfont un besoin : le mélodrame pour la foule; pour les femmes, la tragédie

[1] C'est-à-dire du style. Car si l'action peut, dans beaucoup de cas, s'exprimer par l'action même, les passions et les caractères, à très-peu d'exceptions près, ne s'expriment que par la parole. Or, la parole au théâtre, la parole fixée et non flottante, c'est le style.

Que le personnage parle comme il doit parler, *sibi constet*, dit Horace. Tout est là.

qui analyse la passion; pour les penseurs, la comédie qui peint l'humanité.

Disons-le en passant, nous ne prétendons rien établir ici de rigoureux, et nous prions le lecteur d'introduire de lui-même dans notre pensée les restrictions qu'elle peut contenir. Les généralités admettent toujours les exceptions; nous savons fort bien que la foule est une grande chose dans laquelle on trouve tout, l'instinct du beau comme le goût du médiocre, l'amour de l'idéal comme l'appétit du commun; nous savons également que tout penseur complet doit être femme par les côtés délicats du cœur; et nous n'ignorons pas que, grâce à cette loi mystérieuse qui lie les sexes l'un à l'autre aussi bien par l'esprit que par le corps, bien souvent dans une femme il y a un penseur. Ceci posé, et après avoir prié de nouveau le lecteur de ne pas attacher un sens trop absolu aux quelques mots qui nous restent à dire, nous reprenons.

Pour tout homme qui fixe un regard sérieux sur les trois sortes de spectateurs dont nous venons de parler, il est évident qu'elles ont toutes les trois raison. Les femmes ont raison de vouloir être émues, les penseurs ont raison de vouloir être enseignés, la foule n'a pas tort de vouloir être amusée. De cette évidence se déduit la loi du drame. En effet, au-delà de cette barrière de feu qu'on appelle la rampe du théâtre et qui sépare le monde réel du monde idéal, créer et faire vivre, dans les conditions combinées de l'art et de la nature, des caractères, c'est-à-dire, et nous le répétons, des hommes; dans ces hommes, dans ces caractères, jeter des passions qui développent ceux-ci et modifient ceux-là; et enfin du choc de ces caractères et de ces passions avec les grandes lois providentielles, faire sortir la vie humaine, c'est-à-dire des événemens grands, petits, douloureux, comiques, terribles, qui contiennent pour le cœur ce plaisir qu'on appelle l'intérêt et pour l'esprit cette leçon qu'on appelle la morale : tel est le but du drame. On le voit; le drame tient de la tragédie par la peinture des passions, et de la comédie par la peinture des caractères. Le drame est la troisième grande forme de l'art, comprenant, enserrant et fécondant les deux premières. Corneille et Molière existeraient indépendamment l'un de l'autre, si Shakspeare n'était entre eux, donnant à Corneille la main gauche, à

Molière la main droite. De cette façon les deux électricités opposées de la comédie et de la tragédie se rencontrent, et l'étincelle qui en jaillit, c'est le drame.

En expliquant, comme il les entend et comme il les a déjà indiqués plusieurs fois, le principe, la loi et le but du drame, l'auteur est loin de se dissimuler l'exiguïté de ses forces et la brièveté de son esprit. Il définit ici, qu'on ne s'y méprenne pas, non ce qu'il a fait, mais ce qu'il a voulu faire. Il montre ce qui a été pour lui le point de départ. Rien de plus.

Nous n'avons en tête de ce livre que peu de lignes à écrire et l'espace nous manque pour les développemens nécessaires. Qu'on nous permette donc de passer, sans nous appesantir autrement sur la transition, des idées générales que nous venons de poser et qui, selon nous, toutes les conditions de l'idéal étant maintenues du reste, régissent l'art tout entier, à quelques-unes des idées particulières que ce drame, *Ruy Blas*, peut soulever dans les esprits attentifs.

Et premièrement, pour ne prendre qu'un des côtés de la question, au point de vue de la philosophie de l'histoire, quel est le sens de ce drame? — Expliquons-nous.

Au moment où une monarchie va s'écrouler, plusieurs phénomènes peuvent être observés. Et d'abord la noblesse tend à se dissoudre. En se dissolvant elle se divise, et voici de quelle façon :

Le royaume chancelle, la dynastie s'éteint, la loi tombe en ruine; l'unité politique s'émiette aux tiraillemens de l'intrigue; le haut de la société s'abâtardit et dégénère; un mortel affaiblissement se fait sentir à tous au dehors comme au dedans; les grandes choses de l'état sont tombées, les petites seules sont debout, triste spectacle public; plus de police, plus d'armée, plus de finances; chacun devine que la fin arrive. De là, dans tous les esprits, ennui de la veille, crainte du lendemain, défiance de tout homme, découragement de toute chose, dégoût profond. Comme la maladie de l'état est dans la tête, la noblesse, qui y touche, en est la première atteinte. Que devient-elle alors ? Une partie des gentilshommes, la moins honnête et la moins généreuse, reste à la cour. Tout va être englouti, le temps presse, il faut se hâter, il faut s'enrichir, s'agrandir et profiter des circonstances. On ne songe plus qu'à soi. Chacun se fait, sans pitié pour le pays, une petite fortune particulière dans un coin de la grande infortune publique. On est courtisan, on est ministre, on se dépêche d'être heureux et puissant. On a de l'esprit, on se déprave et l'on réussit. Les ordres de l'état, les dignités, les places, l'argent, on prend tout, on veut tout, on pille tout. On ne vit plus que par l'ambition et la cupidité. On cache les désordres secrets que peut engendrer l'infirmité humaine sous beaucoup de gravité extérieure. Et comme cette vie acharnée aux vanités et aux jouissances de l'orgueil a pour première condition l'oubli de tous les sentimens naturels, on y devient féroce. Quand le jour de la disgrâce arrive, quelque chose de monstrueux se développe dans le courtisan tombé, et l'homme se change en démon.

L'état désespéré du royaume pousse l'autre moitié de la noblesse, la meilleure et la mieux née, dans une autre voie. Elle s'en va chez elle. Elle rentre dans ses palais, dans ses châteaux, dans ses seigneuries. Elle a horreur des affaires, elle n'y peut rien, la fin du monde approche; qu'y faire et à quoi bon se désoler? Il faut s'étourdir, fermer les yeux, vivre, boire, aimer, jouir. Qui sait? a-t-on même un an devant soi? Cela dit, ou même simplement senti, le gentilhomme prend la chose au vif, décuple sa livrée, achète des chevaux, enrichit des femmes, ordonne des fêtes, paie des orgies, jette, donne, vend, achète, hypothèque, compromet, dévore, se livre aux usuriers et met le feu aux quatre coins de son bien. Un beau matin, il lui arrive un malheur. C'est que, quoique la monarchie aille grand train, il s'est ruiné avant elle. Tout est fini, tout est brûlé. De toute cette belle vie flamboyante, il ne reste pas même de la fumée, elle s'est envolée. De la cendre, rien de plus. Oublié et abandonné de tous, excepté de ses créanciers, le pauvre gentilhomme devient alors ce qu'il peut, un peu aventurier, un peu spadassin, un peu bohémien. Il s'enfonce et disparaît dans la foule, grande masse terne et noire que jusqu'à ce jour il a à peine entrevue de loin sous ses pieds. Il s'y plonge, il s'y réfugie. Il n'a plus d'or, mais il lui reste le soleil, cette richesse de ceux qui n'ont rien. Il a d'abord habité le haut de la société, voici maintenant qu'il vient se loger dans le bas et qu'il s'en accommode; il se moque de son parent l'ambitieux, qui est riche et qui est puissant; il devient philosophe, et il compare les voleurs aux courtisans. Du reste, bonne, brave, loyale et intelligente nature; mélange du poète, du gueux et du prince; riant de tout; faisant aujourd'hui rosser le guet par ses camarades comme autrefois par ses gens, mais n'y touchant pas; alliant dans sa manière avec quelque grâce l'impudence du marquis à l'effronterie du zingaro; souillé au dehors, sain au dedans; et n'ayant plus du gentilhomme que son honneur qu'il garde, son nom qu'il cache et son épée qu'il montre.

Si le double tableau que nous venons de tracer s'offre dans l'histoire de toutes les monarchies à un moment donné, il se présente particulièrement en Espagne d'une façon frappante à la fin du dix-septième siècle. Ainsi, si l'auteur avait réussi à exécuter cette partie de sa pensée, ce qu'il est loin de supposer, dans le drame qu'on va lire, la première moitié de la noblesse espagnole à cette époque se résumerait en don Salluste, et la seconde moitié en don César. Tous deux cousins, comme il convient.

Ici, comme partout, en esquissant ce croquis de la noblesse castillane vers 1695, nous réservons, bien entendu, les rares et vénérables exceptions.— Poursuivons.

En examinant toujours cette monarchie et cette époque, au-dessous de la noblesse ainsi partagée, et qui pourrait, jusqu'à un certain point, être personnifiée dans les deux hommes que nous venons de nommer, on voit remuer dans l'ombre quelque chose de grand, de sombre et d'inconnu. C'est le peuple. Le peuple, qui a l'avenir et qui n'a pas le présent; le peuple, orphelin, pauvre, intelligent et fort; placé très-bas, et aspirant très-haut; ayant sur le dos les marques de la servitude et dans le cœur les préméditations du génie; le peuple, valet des grands seigneurs, et amoureux, dans sa misère et dans son abjection, de la seule figure qui, au milieu de cette société écroulée, représente pour lui, dans un divin rayonnement, l'autorité, la charité et la fécondité. Le peuple, ce serait Ruy Blas.

Maintenant, au-dessus de ces trois hommes, qui, ainsi considérés, feraient vivre et marcher, aux yeux du spectateur, trois faits, et dans ces trois faits toute la monarchie espagnole au dix-septième siècle; au-dessus de ces trois hommes, disons-nous, il y a une pure et lumineuse créature, une femme, une reine. Malheureuse comme femme, car elle est comme si elle n'avait pas de mari; malheureuse comme reine, car elle est comme si elle n'avait pas de roi; penchée vers ceux qui sont au-dessous d'elle par pitié royale et par instinct de femme aussi peut-être, et regardant en bas pendant que Ruy Blas, le peuple, regarde en haut.

Aux yeux de l'auteur, et sans préjudice de ce que les personnages accessoires peuvent apporter à la vérité de l'ensemble, ces quatre têtes ainsi groupées résumeraient les principales saillies qu'offrait au regard du philosophe historien la monarchie espagnole il y a cent quarante ans. A ces quatre têtes, il semble qu'on pourrait en ajouter une cinquième, celle du roi Charles II. Mais, dans l'histoire comme dans le drame, Charles II d'Espagne n'est pas une figure, c'est une ombre.

A présent, hâtons-nous de le dire, ce qu'on vient de lire n'est point l'explication de *Ruy Blas*. C'en est simplement un des aspects. C'est l'impression particulière que pourrait laisser ce drame, s'il valait la peine d'être étudié, à l'esprit grave et consciencieux qui l'examinerait, par exemple, du point de vue de la philosophie de l'histoire.

Mais, si peu qu'il soit, ce drame, comme toutes les choses de ce monde, a beaucoup d'autres aspects et peut être envisagé de beaucoup d'autres manières. On peut prendre plusieurs vues d'une idée comme d'une montagne. Cela dépend du lieu où l'on se place. Qu'on nous passe, seulement pour rendre claire notre idée, une comparaison infiniment trop ambitieuse : le Mont-Blanc, vu de la

Croix-de-Fléchères, ne ressemble pas au Mont-Blanc vu de Sallenches. Pourtant, c'est toujours le Mont-Blanc.

De même, pour tomber d'une très-grande chose à une très-petite, ce drame, dont nous venons d'indiquer le sens historique, offrirait une toute autre figure si on le considérait d'un point de vue beaucoup plus élevé encore, du point de vue purement humain. Alors don Salluste serait l'égoïsme absolu, le souci sans repos; don César, son contraire, serait le désintéressement et l'insouciance; on verrait dans Ruy Blas le génie et la passion comprimés par la société et s'élançant d'autant plus haut que la compression est plus violente; la reine enfin, ce serait la vertu minée par l'ennui.

Au point de vue uniquement littéraire, l'aspect de cette pensée telle quelle intitulée: *Ruy Blas*, changerait encore; les trois formes souveraines de l'art pourraient y paraître personnifiées et résumées. Don Salluste serait le Drame, don César la

Comédie, Ruy Blas la Tragédie. Le drame noue l'action, la comédie l'embrouille, la tragédie la tranche.

Tous ces aspects sont justes et vrais, mais aucun d'eux n'est complet. La vérité absolue n'est que dans l'ensemble de l'œuvre. Que chacun y trouve ce qu'il y cherche, et le poëte, qui ne s'en flatte pas du reste, aura atteint son but. Le sujet philosophique de *Ruy Blas*, c'est le peuple aspirant aux régions élevées; le sujet humain, c'est un homme qui aime une femme; le sujet dramatique, c'est un laquais qui aime une reine. La foule qui se presse chaque soir devant cette œuvre, parce qu'en France jamais l'attention publique n'a fait défaut aux tentatives de l'esprit, quelles qu'elles soient d'ailleurs, la foule, disons-nous, ne voit dans *Ruy Blas* que ce dernier sujet, le sujet dramatique, le laquais; et elle a raison.

Et ce que nous venons de dire de *Ruy Blas* nous semble évident de tout autre ouvrage. Les œuvres vénérables des maîtres ont même cela de remarquable qu'elles offrent plus de faces à étudier que les autres. Tartuffe fait rire ceux-ci et trembler ceux-là. Tartuffe, c'est le serpent domestique ; ou bien c'est l'hypocrite ; ou bien c'est l'hypocrisie. C'est tantôt un homme, tantôt une idée. Othello, pour les uns, c'est un noir qui aime une blanche ; pour les autres, c'est un parvenu qui a épousé une patricienne ; pour ceux-là, c'est un jaloux ; pour ceux-ci, c'est la jalousie. Et cette diversité d'aspects n'ôte rien à l'unité fondamentale de la composition. Nous l'avons déjà dit ailleurs : mille rameaux et un tronc unique.

Si l'auteur de ce livre a particulièrement insisté sur la signification historique de *Ruy Blas*, c'est que dans sa pensée, par le sens historique, et, il est vrai, par le sens historique uniquement, *Ruy Blas* se rattache à *Hernani*. Le grand fait de la noblesse se montre, dans *Hernani* comme dans *Ruy Blas*, à côté du grand fait de la royauté. Seulement dans *Hernani*, comme la royauté absolue n'est pas faite, la noblesse lutte encore contre le roi, ici avec l'orgueil, là avec l'épée ; à demi féodale, à demi rebelle. En 1519, le seigneur vit loin de la cour dans la montagne, en bandit comme Hernani, ou en patriarche comme Ruy Gomez. Deux cents ans plus tard, la question est retournée. Les vassaux sont devenus des courtisans. Et si le seigneur sent encore d'aventure le besoin de cacher son nom, ce n'est pas pour échapper au roi, c'est pour échapper à ses créanciers. Il ne se fait pas bandit, il se fait bohémien. — On sent que la royauté absolue a passé pendant longues années sur ces nobles têtes, courbant l'une, brisant l'autre.

Et puis, qu'on nous permette ce dernier mot, entre *Hernani* et *Ruy Blas* deux siècles de l'Espagne sont encadrés; deux grands siècles, pendant lesquels il a été donné à la descendance de Charles-Quint de dominer le monde; deux siècles que la Providence, chose remarquable, n'a pas voulu allonger d'une heure, car Charles-Quint naît en 1500 et Charles II meurt en 1700. En 1700, Louis XIV héritait de Charles-Quint, comme en 1800 Napoléon héritait de Louis XIV. Ces grandes apparitions de dynasties qui illuminent par momens l'histoire sont pour l'auteur un beau et mélancolique spectacle sur lequel ses yeux se fixent souvent. Il essaie parfois d'en transporter quelque chose dans ses œuvres. Ainsi, il a voulu remplir *Hernani* du rayonnement d'une aurore et couvrir *Ruy Blas* des ténèbres d'un crépuscule. Dans *Hernani*, le soleil de la maison d'Autriche se lève; dans *Ruy Blas*, il se couche.

Paris, 25 novembre 1838.

RUY BLAS.

PERSONNAGES.	*ACTEURS.*
RUY BLAS.	M. FRÉDÉRICK LEMAÎTRE.
DON SALLUSTE DE BAZAN.	M. ALEXANDRE MAUZIN.
DON CÉSAR DE BAZAN.	M. SAINT-FIRMIN.
DON GURITAN.	M. FÉRÉOL.
LE COMTE DE CAMPOREAL.	M. MONTDIDIER.
LE MARQUIS DE SANTA-CRUZ.	M. HIELLARD.
LE MARQUIS DEL BASTO.	M. FRESNE.
LE COMTE D'ALBE.	M. GUSTAVE.
LE MARQUIS DE PRIEGO.	M. AMABLE.
DON MANUEL ARIAS.	M. HECTOR.
MONTAZGO.	M. JULIEN.
DON ANTONIO UBILLA.	M. FELGINES.
COVADENGA.	M. VICTOR.
GUDIEL.	M. ALFRED.
UN LAQUAIS.	M. HENRI.
UN ALCADE.	M. BEAULIEU.
UN HUISSIER.	M. ZELGER.
UN ALGUAZIL.	M. ADRIEN.
DONA MARIA DE NEUBOURG, REINE D'ESPAGNE.	Mme L. BEAUDOUIN.
LA DUCHESSE D'ALBUQUERQUE.	Mme MOUTIN.
CASILDA.	Mme MAREUIL.
UNE DUÈGNE.	Mme LOUIS.
UN PAGE.	Mme COURTOIS.

DAMES, SEIGNEURS, CONSEILLERS PRIVÉS, PAGES, DUÈGNES, ALGUAZILS, GARDES, HUISSIERS DE CHAMBRE ET DE COUR.

Madrid. — 169...

ACTE PREMIER.

DON SALLUSTE.

PERSONNAGES.

RUY BLAS.

DON SALLUSTE DE BAZAN.

DON CÉSAR DE BAZAN.

LE MARQUIS DEL BASTO.

LE MARQUIS DE SANTA-CRUZ.

LE COMTE D'ALBE.

GUDIEL.

UN HUISSIER DE COUR.

LA REINE.

SEIGNEURS. DAMES. DUÈGNES. PAGES.

ACTE PREMIER.

Le salon de Danaé dans le palais du roi, à Madrid. Ameublement magnifique dans le goût demi-flamand du temps de Philippe IV. A gauche, une grande fenêtre à châssis dorés et à petits carreaux. Des deux côtés, sur un pan coupé, une porte basse donnant dans quelque appartement intérieur. Au fond, une grande cloison vitrée à châssis dorés s'ouvrant par une large porte également vitrée sur une longue galerie. Cette galerie, qui traverse tout le théâtre, est masquée par d'immenses rideaux qui tombent du haut en bas de la cloison vitrée. Une table, un fauteuil, et ce qu'il faut pour écrire.

Don Salluste entre par la petite porte de gauche, suivi de Ruy Blas et de Gudiel, qui porte une cassette et divers paquets qu'on dirait disposés pour un voyage. Don Salluste est vêtu de velours noir, costume de cour du temps de Charles II. La toison d'or au cou. Par-dessus l'habillement noir, un riche manteau de velours vert clair, brodé d'or et doublé de satin noir. Épée à grande coquille. Chapeau à plumes blanches. Gudiel est en noir, épée au côté. Ruy Blas est en livrée. Haut-de-chausses et juste-au-corps bruns. Surtout galonné, rouge et or. Tête nue. Sans épée.

SCÈNE PREMIÈRE.

DON SALLUSTE DE BAZAN, GUDIEL, par instans RUY BLAS.

DON SALLUSTE.

Ruy Blas, fermez la porte, — ouvrez cette fenêtre.

Ruy Blas obéit, puis, sur un signe de don Salluste, il sort par la porte du fond. Don Salluste va à la fenêtre.

Ils dorment encor tous ici! — le jour va naître.

Il se tourne brusquement vers Gudiel.

Ah! c'est un coup de foudre!... — Oui, mon règne est passé,

Gudiel! — renvoyé, disgracié, chassé! —
Ah! tout perdre en un jour! — L'aventure est secrète
Encor, n'en parle pas. — Oui, pour une amourette,
— Chose, à mon âge, sotte et folle, j'en convien! —
Avec une suivante, une fille de rien!
Séduite, beau malheur! parce que la donzelle
Est à la reine, et vient de Neubourg avec elle,
Que cette créature a pleuré contre moi,
Et traîné son enfant dans les chambres du roi;
Ordre de l'épouser. Je refuse. On m'exile!
On m'exile! Et vingt ans d'un labeur difficile,
Vingt ans d'ambition, de travaux nuit et jour;
Le président haï des alcades de cour,
Dont nul ne prononçait le nom sans épouvante;
Le chef de la maison de Bazan, qui s'en vante;
Mon crédit, mon pouvoir, tout ce que je rêvais,
Tout ce que je faisais et tout ce que j'avais,
Charge, emplois. honneurs, tout en un instant s'écroule
Au milieu des éclats de rire de la foule!

GUDIEL.

Nul ne le sait encor, monseigneur.

DON SALLUSTE.

Mais demain!
Demain, on le saura! — Nous serons en chemin!
Je ne veux pas tomber, non, je veux disparaître!

Il déboutonne violemment son pourpoint.

— Tu m'agrafes toujours comme on agrafe un prêtre,
Tu serres mon pourpoint, et j'étouffe, mon cher!

Il s'assied.

Oh! mais je vais construire, et sans en avoir l'air,
Une sape profonde, obscure et souterraine!
— Chassé! —

Il se lève.

GUDIEL.

D'où vient le coup, monseigneur?

DON SALLUSTE.

De la reine.

Oh! je me vengerai, Gudiel! tu m'entends.
Toi dont je suis l'élève, et qui depuis vingt ans
M'as aidé, m'as servi dans les choses passées,
Tu sais bien jusqu'où vont dans l'ombre mes pensées,
Comme un bon architecte au coup d'œil exercé
Connaît la profondeur du puits qu'il a creusé.
Je pars. Je vais aller à Finlas, en Castille,
Dans mes états, — et là, songer! — Pour une fille!
-- Toi, règle le départ, car nous sommes pressés.
Moi, je vais dire un mot au drôle que tu sais.
A tout basard. Peut-il me servir? Je l'ignore.
Ici jusqu'à ce soir je suis le maître encore.
Je me vengerai, va! Comment? je ne sais pas;
Mais je veux que ce soit effrayant! — De ce pas,
Va faire nos apprêts, et hâte-toi. — Silence!
Tu pars avec moi. Va.

Gudiel salue et sort.

DON SALLUSTE, appelant.

— Ruy Blas!

RUY BLAS, se présentant à la porte du fond.

Votre excellence?

DON SALLUSTE.

Comme je ne dois plus coucher dans le palais,
Il faut laisser les clefs et clore les volets.

RUY BLAS, s'inclinant.

Monseigneur, il suffit.

DON SALLUSTE.

Écoutez, je vous prie.
La reine va passer, là, dans la galerie,

En allant de la messe à sa chambre d'honneur,
Dans deux heures. Ruy Blas, soyez-là.

RUY BLAS.

Monseigneur,
J'y serai.

DON SALLUSTE, à la fenêtre.

Voyez-vous cet homme dans la place
Qui montre aux gens de garde un papier, et qui passe?
Faites-lui, sans parler, signe qu'il peut monter.
Par l'escalier étroit.

Ruy Blas obéit. Don Salluste continue en lui montrant la petite porte à droite.

— Avant de nous quitter,
Dans cette chambre où sont les hommes de police,
Voyez donc si les trois alguazils de service
Sont éveillés.

RUY BLAS.

Il va à la porte, l'entr'ouvre et revient.

Seigneur, ils dorment.

DON SALLUSTE.

Parlez bas.
J'aurai besoin de vous, ne vous éloignez pas.
Faites le guet afin que les fâcheux nous laissent.

Entre don César de Bazan. Chapeau défoncé. Grande cape déguenillée qui ne laisse voir de sa toilette que des bas mal tirés et des souliers crevés. Épée de spadassin.

Au moment où il entre, lui et Ruy Blas se regardent et font en même temps, chacun de leur côté, un geste de surprise.

DON SALLUSTE, les observant, à part.

Ils se sont regardés! Est-ce qu'ils se connaissent?

Ruy Blas sort.

SCÈNE DEUXIÈME.

DON SALLUSTE, DON CÉSAR.

DON SALLUSTE.

Ah! vous voilà, bandit!

DON CÉSAR.

Oui, cousin, me voilà.

DON SALLUSTE.

C'est grand plaisir de voir un gueux comme cela!

DON CÉSAR, saluant.

Je suis charmé...

DON SALLUSTE.

Monsieur, on sait de vos histoires.

DON CÉSAR, gracieusement.

Qui sont de votre goût?

DON SALLUSTE.

Oui, des plus méritoires.
Don Charles de Mira l'autre nuit fut volé.
On lui prit son épée à fourreau ciselé,
Et son buffle. C'était la surveille de Pâques.
Seulement, comme il est chevalier de Saint-Jacques,
La bande lui laissa son manteau.

DON CÉSAR.

Doux Jésus!
Pourquoi?

DON SALLUSTE.

Parce que l'ordre était brodé dessus.
Eh bien! que dites-vous de l'algarade?

DON CÉSAR.

Ah! diable!
Je dis que nous vivons dans un siècle effroyable!

Qu'allons-nous devenir, bon Dieu ! si les voleurs
Vont courtiser saint Jacque et le mettre des leurs?

DON SALLUSTE.

Vous en étiez !

DON CÉSAR.

Hé bien — oui ! s'il faut que je parle,
J'étais là. Je n'ai pas touché votre don Charle.
J'ai donné seulement des conseils.

DON SALLUSTE.

Mieux encor.
La lune étant couchée, hier, Plaza-Mayor,
Toutes sortes de gens, sans coiffe et sans semelle,
Qui hors d'un bouge affreux se ruaient pêle-mêle,
Ont attaqué le guet. — Vous en étiez !

DON CÉSAR.

Cousin,
J'ai toujours dédaigné de battre un argousin.
J'étais là. Rien de plus. Pendant les estocades,
Je marchais en faisant des vers sous les arcades.
On s'est fort assommé.

DON SALLUSTE.

Ce n'est pas tout.

DON CÉSAR.

Voyons.

DON SALLUSTE.

En France, on vous accuse, entr'autres actions,
Avec vos compagnons à toute loi rebelles,
D'avoir ouvert sans clef la caisse des gabelles.

DON CÉSAR.

Je ne dis pas. — La France est pays ennemi.

DON SALLUSTE.

En Flandre, rencontrant dom Paul Barthélemy,
Lequel portait à Mons le produit d'un vignoble

Qu'il venait de toucher pour le chapitre noble,
Vous avez mis la main sur l'argent du clergé.

DON CÉSAR.

En Flandre? — il se peut bien. J'ai beaucoup voyagé.
— Est-ce tout?

DON SALLUSTE.

Don César, la sueur de la honte,
Lorsque je pense à vous, à la face me monte.

DON CÉSAR.

Bon. Laissez-la monter.

DON SALLUSTE.

Notre famille...

DON CÉSAR.

Non.
Car vous seul à Madrid connaissez mon vrai nom.
Ainsi ne parlons pas famille.

DON SALLUSTE.

Une marquise
Me disait l'autre jour en sortant de l'église :
— Quel est donc ce brigand, qui, là-bas, nez au vent,
Se carre, l'œil au guet et la hanche en avant,
Plus délabré que Job et plus fier que Bragance,
Drapant sa gueuserie avec son arrogance,
Et qui, froissant du poing, sous sa manche en haillons,
L'épée à lourd pommeau qui lui bat les talons,
Promène, d'une mine altière et magistrale,
Sa cape en dents de scie et ses bas en spirale?

DON CÉSAR, jetant un coup-d'œil sur sa toilette.

Vous avez répondu : C'est ce cher Zafari!

DON SALLUSTE.

Non; j'ai rougi, monsieur!

DON CÉSAR.

Eh bien! la dame a ri.

Voilà. J'aime beaucoup faire rire les femmes.

DON SALLUSTE.

Vous n'allez fréquentant que spadassins infâmes!

DON CÉSAR.

Des clercs! des écoliers doux comme des moutons!

DON SALLUSTE.

Partout on vous rencontre avec des Jeannetons!

DON CÉSAR.

O Lucindes d'amour! ô douces Isabelles!
Hé bien! sur votre compte on en entend de belles!
Quoi! l'on vous traite ainsi, beautés à l'œil mutin,
A qui je dis le soir mes sonnets du matin!

DON SALLUSTE.

Enfin, Matalobos, ce voleur de Galice,
Qui désole Madrid malgré notre police,
Il est de vos amis!

DON CÉSAR.

Raisonnons, s'il vous plaît.
Sans lui j'irais tout nu, ce qui serait fort laid.
Me voyant sans habit, dans la rue, en décembre,
La chose le toucha. — Ce fat parfumé d'ambre,
Le comte d'Albe, à qui l'autre mois fut volé
Son beau pourpoint de soie...

DON SALLUSTE.

Eh bien?

DON CÉSAR.

C'est moi qui l'ai.
Matalobos me l'a donné.

DON SALLUSTE.

L'habit du comte!
Vous n'êtes pas honteux?...

DON CÉSAR.

Je n'aurai jamais honte

De mettre un bon pourpoint, brodé, passementé,
Qui me tient chaud l'hiver et me fait beau l'été.
— Voyez, il est tout neuf. —

Il entr'ouvre son manteau qui laisse voir un superbe pourpoint de satin rose brodé d'or.

Les poches en sont pleines
De billets doux au comte adressés par centaines.
Souvent, pauvre, amoureux, n'ayant rien sous la dent,
J'avise une cuisine au soupirail ardent
D'où la vapeur des mets aux narines me monte;
Je m'assieds là, j'y lis les billets doux du comte,
Et, trompant l'estomac et le cœur tour à tour,
J'ai l'odeur du festin et l'ombre de l'amour!

DON SALLUSTE.

Don César.....

DON CÉSAR.

Mon cousin, tenez, trêve aux reproches.
Je suis un grand seigneur, c'est vrai, l'un de vos proches;
Je m'appelle César, comte de Garofa.
Mais le sort de folie en naissant me coiffa.
J'étais riche, j'avais des palais, des domaines,
Je pouvais largement renter les Célimènes,
Bah! mes vingt ans n'étaient pas encor révolus
Que j'avais mangé tout! il ne me restait plus
De mes prospérités, ou réelles, ou fausses,
Qu'un tas de créanciers hurlant après mes chausses.
Ma foi, j'ai pris la fuite et j'ai changé de nom.
A présent, je ne suis qu'un joyeux compagnon,
Zafari, que hors vous nul ne peut reconnaître.
Vous ne me donnez pas du tout d'argent, mon maître;
Je m'en passe. Le soir, le front sur un pavé,
Devant l'ancien palais des comtes de Teve,
— C'est là, depuis neuf ans, que la nuit je m'arrête, —

Je vais dormir avec le ciel bleu sur ma tête.
Je suis heureux ainsi. Pardieu, c'est un beau sort!
Tout le monde me croit dans l'Inde, au diable, — mort.
La fontaine voisine a de l'eau, j'y vais boire,
Et puis je me promène avec un air de gloire.
Mon palais, d'où jadis mon argent s'envola,
Appartient à cette heure au nonce Espinola,
C'est bien. Quand par hasard jusque-là je m'enfonce,
Je donne des avis aux ouvriers du nonce
Occupés à sculpter sur la porte un Bacchus. —
Maintenant, pouvez-vous me prêter dix écus?

DON SALLUSTE.

Écoutez-moi...

DON CÉSAR, croisant les bras.

Voyons à présent votre style.

DON SALLUSTE.

Je vous ai fait venir, c'est pour vous être utile.
César, sans enfans, riche, et de plus votre aîné,
Je vous vois à regret vers l'abîme entraîné,
Je veux vous en tirer. Bravache que vous êtes,
Vous êtes malheureux. Je veux payer vos dettes,
Vous rendre vos palais, vous remettre à la cour,
Et refaire de vous un beau seigneur d'amour.
Que Zafari s'éteigne et que César renaisse.
Je veux qu'à votre gré vous puisiez dans ma caisse,
Sans crainte, à pleines mains, sans soin de l'avenir.
Quand on a des parens il faut les soutenir,
César, et pour les siens se montrer pitoyable...

Pendant que don Salluste parle, le visage de don César prend une expression de plus en plus étonnée, joyeuse et confiante; enfin il éclate.

DON CÉSAR.

Vous avez toujours eu de l'esprit comme un diable,

Et c'est fort étonnant ce que vous dites là.
— Continuez !

DON SALLUSTE.

César, je ne mets à cela
Qu'une condition. — Dans l'instant je m'explique.
Prenez d'abord ma bourse.

DON CÉSAR, empoignant la bourse qui est pleine d'or.

Ah ça ! c'est magnifique !

DON SALLUSTE.

Et je vais vous donner cinq cents ducats...

DON CÉSAR, ébloui.

Marquis !

DON SALLUSTE, continuant.

Dès aujourd'hui !

DON CÉSAR.

Pardieu, je vous suis tout acquis.
Quant aux conditions, ordonnez. Foi de brave !
Mon épée est à vous. Je deviens votre esclave,
Et, si cela vous plaît, j'irai croiser le fer
Avec don Spavento, capitan de l'enfer.

DON SALLUSTE.

Non, je n'accepte pas, don César, et pour cause,
Votre épée.

DON CÉSAR.

Alors quoi? je n'ai guère autre chose.

DON SALLUSTE, se rapprochant de lui et baissant la voix.

Vous connaissez, — et c'est en ce cas un bonheur, —
Tous les gueux de Madrid?

DON CÉSAR.

Vous me faites honneur.

DON SALLUSTE.

Vous en traînez toujours après vous une meute ;
Vous pourriez, au besoin, soulever une émeute,

Je le sais. Tout cela peut-être servira.

DON CÉSAR, éclatant de rire.

D'honneur! vous avez l'air de faire un opéra.
Quelle part donnez-vous dans l'œuvre à mon génie?
Sera-ce le poème ou bien la symphonie?
Commandez. Je suis fort pour le charivari.

DON SALLUSTE, gravement.

Je parle à don César et non à Zafari.

Baissant la voix de plus en plus.

Écoute. J'ai besoin, pour un résultat sombre,
De quelqu'un qui travaille à mon côté dans l'ombre
Et qui m'aide à bâtir un grand événement.
Je ne suis pas méchant, mais il est tel moment
Où le plus délicat, quittant toute vergogne,
Doit retrousser sa manche et faire la besogne.
Tu seras riche, mais il faut m'aider sans bruit
A dresser, comme font les oiseleurs la nuit,
Un bon filet caché sous un miroir qui brille,
Un piége d'alouette ou bien de jeune fille.
Il faut, par quelque plan terrible et merveilleux,
— Tu n'es pas, que je pense, un homme scrupuleux, —
Me venger!

DON CÉSAR.

Vous venger?

DON SALLUSTE.

Oui.

DON CÉSAR.

De qui?

DON SALLUSTE.

D'une femme.

DON CÉSAR.

Il se redresse et regarde fièrement don Salluste.

Ne m'en dites pas plus. Halte-là! — sur mon âme,

Mon cousin, en ceci voilà mon sentiment :
Celui qui, bassement et tortueusement,
Se venge, ayant le droit de porter une lame,
Noble, par une intrigue, homme, sur une femme,
Et qui, né gentilhomme, agit en alguazil,
Celui-là, — fût-il grand de Castille, fût-il
Suivi de cent clairons sonnant des tintamarres,
Fût-il tout harnaché d'ordres et de chamarres,
Et marquis, et vicomte, et fils des anciens preux, —
N'est pour moi qu'un maraud sinistre et ténébreux
Que je voudrais, pour prix de sa lâcheté vile,
Voir pendre à quatre clous au gibet de la ville !

DON SALLUSTE.

César !...

DON CÉSAR.

N'ajoutez pas un mot, c'est outrageant.

Il jette la bourse aux pieds de don Salluste.

Gardez votre secret, et gardez votre argent.
Oh ! je comprends qu'on vole, et qu'on tue et qu'on pille ;
Que par une nuit noire on force une bastille,
D'assaut, la hache au poing, avec cent flibustiers ;
Qu'on égorge estafiers, geôliers et guichetiers,
Tous, taillant et hurlant, en bandits que nous sommes,
OEil pour œil, dent pour dent, c'est bien ! hommes contre hommes !
Mais doucement détruire une femme ! et creuser
Sous ses pieds une trappe ! et contre elle abuser,
Qui sait ? de son humeur peut-être hasardeuse !
Prendre ce pauvre oiseau dans quelque glu hideuse !
Oh ! plutôt qu'arriver jusqu'à ce déshonneur,
Plutôt qu'être, à ce prix, un riche et haut seigneur,
— Et je le dis ici pour Dieu qui voit mon âme, —
J'aimerais mieux, plutôt qu'être à ce point infâme,
Vil, odieux, pervers, misérable et flétri,

Qu'un chien rongeât mon crâne au pied du pilori !

DON SALLUSTE.

Cousin !...

DON CÉSAR.

De vos bienfaits je n'aurai nulle envie,
Tant que je trouverai, vivant ma libre vie,
Aux fontaines de l'eau, dans les champs le grand air,
A la ville un voleur qui m'habille l'hiver,
Dans mon âme l'oubli des prospérités mortes,
Et devant vos palais, monsieur, de larges portes
Où je puis, à midi, sans souci du réveil,
Dormir, la tête à l'ombre et les pieds au soleil !
— Adieu donc. — De nous deux Dieu sait quel est le juste.
Avec les gens de cour, vos pareils, don Salluste,
Je vous laisse, et je reste avec mes chenapans.
Je vis avec les loups, non avec les serpens.

DON SALLUSTE.

Un instant.....

DON CÉSAR.

Tenez, maître, abrégeons la visite.
Si c'est pour m'envoyer en prison, faites vite.

DON SALLUSTE.

Allons, je vous croyais, César, plus endurci.
L'épreuve vous est bonne et vous a réussi ;
Je suis content de vous. Votre main, je vous prie.

DON CÉSAR.

Comment !

DON SALLUSTE.

Je n'ai parlé que par plaisanterie.
Tout ce que j'ai dit là, c'est pour vous éprouver.
Rien de plus.

DON CÉSAR.

Çà, debout vous me faites rêver

La femme, le complot, cette vengeance...

DON SALLUSTE.

Leurre !

Imagination ! chimère !

DON CÉSAR.

A la bonne heure.

Et l'offre de payer mes dettes ! vision ?
Et les cinq cents ducats ! imagination ?

DON SALLUSTE.

Je vais vous les chercher.

Il se dirige vers la porte du fond, et fait signe à Ruy Blas de rentrer.

DON CÉSAR, à part sur le devant du théâtre et regardant don Salluste de travers.

Hum ! visage de traître !
Quand la bouche dit oui, le regard dit peut-être.

DON SALLUSTE, à Ruy Blas.

Ruy Blas, restez ici.

A don César.

Je reviens.

Il sort par la petite porte de gauche. Sitôt qu'il est sorti, don César et Ruy Blas vont vivement l'un à l'autre.

SCÈNE TROISIÈME.

DON CÉSAR, RUY BLAS.

DON CÉSAR.

Sur ma foi,
Je ne me trompais pas. C'est toi, Ruy Blas ?

RUY BLAS.

C'est toi,
Zafari ! que fais-tu dans ce palais ?

DON CÉSAR.

J'y passe.

Mais je m'en vais. Je suis oiseau, j'aime l'espace.
Mais toi! cette livrée? est-ce un déguisement?

RUY BLAS, avec amertume.

Non, je suis déguisé quand je suis autrement.

DON CÉSAR.

Que dis-tu?

RUY BLAS.

Donne-moi ta main que je la serre,
Comme en cet heureux temps de joie et de misère
Où je vivais sans gîte, où le jour j'avais faim,
Où j'avais froid la nuit, où j'étais libre enfin!
— Quand tu me connaissais, j'étais un homme encore.
Tous deux nés dans le peuple,— hélas! c'était l'aurore!—
Nous nous ressemblions au point qu'on nous prenait
Pour frères; nous chantions dès l'heure où l'aube naît,
Et le soir, devant Dieu, notre père et notre hôte,
Sous le ciel étoilé nous dormions côte à côte!
Oui, nous partagions tout. Puis enfin arriva
L'heure triste où chacun de son côté s'en va.
Je te retrouve, après quatre ans, toujours le même,
Joyeux comme un enfant, libre comme un bohême,
Toujours ce Zafari, riche en sa pauvreté,
Qui n'a rien eu jamais et n'a rien souhaité!
Mais moi, quel changement! Frère, que te dirai-je?
Orphelin, par pitié nourri dans un collége
De science et d'orgueil, de moi, triste faveur!
Au lieu d'un ouvrier on a fait un rêveur.
Tu sais, tu m'as connu. Je jetais mes pensées
Et mes vœux vers le ciel en strophes insensées.
J'opposais cent raisons à ton rire moqueur.
J'avais je ne sais quelle ambition au cœur.
A quoi bon travailler? Vers un but invisible
Je marchais, je croyais tout réel, tout possible,

J'espérais tout du sort! — Et puis je suis de ceux
Qui passent tout un jour, pensifs et paresseux,
Devant quelque palais regorgeant de richesses,
A regarder entrer et sortir des duchesses. —
Si bien qu'un jour, mourant de faim sur le pavé,
J'ai ramassé du pain, frère, où j'en ai trouvé :
Dans la fainéantise et dans l'ignominie.
Oh! quand j'avais vingt ans, crédule à mon génie,
Je me perdais, marchant pieds nus dans les chemins,
En méditations sur le sort des humains;
J'avais bâti des plans sur tout, — une montagne
De projets; — je plaignais le malheur de l'Espagne;
Je croyais, pauvre esprit, qu'au monde je manquais... —
Ami, le résultat, tu le vois : — un laquais!

DON CÉSAR.

Oui, je le sais, la faim est une porte basse :
Et par nécessité, lorsqu'il faut qu'il y passe,
Le plus grand est celui qui se courbe le plus.
Mais le sort a toujours son flux et son reflux.
Espère.

RUY BLAS, secouant la tête.

Le marquis de Finlas est mon maître.

DON CÉSAR.

Je le connais. — Tu vis dans ce palais, peut-être?

RUY BLAS.

Non, avant ce matin et jusqu'à ce moment
Je n'en avais jamais passé le seuil.

DON CÉSAR.

Vraiment?
Ton maître cependant pour sa charge y demeure?

RUY BLAS.

Oui, car la cour le fait demander à toute heure.
Mais il a quelque part un logis inconnu,

Où jamais en plein jour peut-être il n'est venu.
A cent pas du palais. Une maison discrète.
Frère, j'habite là. Par la porte secrète
Dont il a seul la clef, quelquefois, à la nuit,
Le marquis vient, suivi d'hommes qu'il introduit.
Ces hommes sont masqués et parlent à voix basse.
Ils s'enferment, et nul ne sait ce qui se passe.
Là, de deux noirs muets je suis le compagnon.
Je suis pour eux le maître. Ils ignorent mon nom.

DON CÉSAR.

Oui, c'est là qu'il reçoit, comme chef des alcades,
Ses espions ; c'est là qu'il tend ses embuscades.
C'est un homme profond qui tient tout dans sa main.

RUY BLAS.

Hier, il m'a dit : — Il faut être au palais demain.
Avant l'aurore. Entrez par la grille dorée. —
En arrivant il m'a fait mettre la livrée,
Car l'habit odieux sous lequel tu me vois,
Je le porte aujourd'hui pour la première fois.

DON CÉSAR, lui serrant la main.

Espère!

RUY BLAS.

Espérer ! mais tu ne sais rien encore.
Vivre sous cet habit qui souille et déshonore,
Avoir perdu la joie et l'orgueil, ce n'est rien.
Être esclave, être vil ; qu'importe ? — Écoute bien :
Frère! je ne sens pas cette livrée infâme,
Car j'ai dans ma poitrine une hydre aux dents de flamme,
Qui me serre le cœur dans ses replis ardens.
Le dehors te fait peur? si tu voyais dedans!

DON CÉSAR.

Que veux-tu dire?

RUY BLAS.

Invente, imagine, suppose.
Fouille dans ton esprit. Cherches-y quelque chose
D'étrange, d'insensé, d'horrible et d'inouï.
Une fatalité dont on soit ébloui!
Oui, compose un poison affreux, creuse un abîme
Plus sourd que la folie et plus noir que le crime,
Tu n'approcheras pas encor de mon secret.
— Tu ne devines pas? — Hé! qui devinerait? —
Zafari! dans le gouffre où mon destin m'entraîne,
Plonge les yeux! — je suis amoureux de la reine!

DON CÉSAR.

Ciel!

RUY BLAS.

Sous un dais orné du globe impérial,
Il est, dans Aranjuez ou dans l'Escurial,
— Dans ce palais, parfois, — mon frère, il est un homme
Qu'à peine on voit d'en bas, qu'avec tereur on nomme;
Pour qui, comme pour Dieu, nous sommes égaux tous,
Qu'on regarde en tremblant et qu'on sert à genoux;
Devant qui se couvrir est un honneur insigne;
Qui peut faire tomber nos deux têtes d'un signe;
Dont chaque fantaisie est un événement;
Qui vit, seul et superbe, enfermé gravement
Dans une majesté redoutable et profonde;
Et dont on sent le poids dans la moitié du monde.
Eh bien! — moi, le laquais, — tu m'entends, — eh bien! oui,
Cet homme-là! le roi! je suis jaloux de lui!

DON CÉSAR.

Jaloux du roi!

RUY BLAS.

Hé oui! jaloux du roi! sans doute,
Puisque j'aime sa femme!

DON CÉSAR.

Oh ! malheureux !

RUY BLAS.

Écoute.

Je l'attends tous les jours au passage. Je suis
Comme un fou. Ho ! sa vie est un tissu d'ennuis,
A cette pauvre femme ! — Oui, chaque nuit j'y songe ! —
Vivre dans cette cour de haine et de mensonge,
Mariée à ce roi qui passe tout son temps
A chasser ! Imbécille ! — un sot ! vieux à trente ans !
Moins qu'un homme ! à régner comme à vivre inhabile.
— Famille qui s'en va ! — Le père était débile
Au point qu'il ne pouvait tenir un parchemin.
— Oh ! si belle et si jeune, avoir donné sa main
A ce roi Charles deux ! Elle ! Quelle misère !
— Elle va tous les soirs chez les sœurs du Rosaire,
Tu sais? en remontant la rue Ortaleza.
Comment cette démence en mon cœur s'amassa,
Je l'ignore. Mais juge ! elle aime une fleur bleue
— D'Allemagne... — Je fais chaque jour une lieue,
Jusqu'à Caramanchel, pour avoir de ces fleurs.
J'en ai cherché partout sans en trouver ailleurs.
J'en compose un bouquet ; je prends les plus jolies...
— Oh ! mais je te dis là des choses, des folies ! —
Puis à minuit, au parc royal, comme un voleur,
Je me glisse et je vais déposer cette fleur
Sur son banc favori. Même, hier, j'osai mettre
Dans le bouquet, — vraiment, — plains-moi, frère ! une lettre !
La nuit, pour parvenir jusqu'à ce banc, il faut
Franchir les murs du parc, et je rencontre en haut
Ces broussailles de fer qu'on met sur les murailles.
Un jour j'y laisserai ma chair et mes entrailles.
Trouve-t-elle mes fleurs, ma lettre? je ne sai.

Frère, tu le vois bien, je suis un insensé.

DON CÉSAR.

Diable! ton algarade a son danger. Prends garde.
Le comte d'Oñate, qui l'aime aussi, la garde
Et comme un majordome et comme un amoureux.
Quelque reître, une nuit, gardien peu langoureux,
Pourrait bien, frère, avant que ton bouquet se fane,
Te le clouer au cœur d'un coup de pertuisane. —
Mais quelle idée! aimer la reine! ah çà, pourquoi?
Comment diable as-tu fait?

RUY BLAS, avec emportement.

Est-ce que je sais, moi!
— Oh! mon âme au démon! je la vendrais pour être
Un des jeunes seigneurs que, de cette fenêtre,
Je vois en ce moment, comme un vivant affront,
Entrer, la plume au feutre et l'orgueil sur le front!
Oui, je me damnerais pour dépouiller ma chaîne,
Et pour pouvoir comme eux m'approcher de la reine
Avec un vêtement qui ne soit pas honteux!
Mais, ô rage! être ainsi, près d'elle! devant eux,
En livrée! un laquais! être un laquais pour elle!
Ayez pitié de moi, mon Dieu!

Se rapprochant de don César.

Je me rappelle.
Ne demandais-tu pas pourquoi je l'aime ainsi,
Et depuis quand?... — Un jour... — Mais à quoi bon ceci?
C'est vrai, je t'ai toujours connu cette manie!
Par mille questions vous mettre à l'agonie!
Demander où? comment? quand? pourquoi? Mon sang bout!
Je l'aime follement! je l'aime, voilà tout!

DON CÉSAR.

Là; ne te fâche pas.

RUY BLAS, tombant épuisé et pâle sur le fauteuil.

Non. Je souffre. — Pardonne.
Ou plutôt, va, fuis-moi. Va-t'en, frère. Abandonne
Ce misérable fou qui porte avec effroi
Sous l'habit d'un valet les passions d'un roi!

DON CÉSAR, lui posant la main sur l'épaule.

Te fuir! — moi qui n'ai pas souffert, n'aimant personne,
Moi, pauvre grelot vide où manque ce qui sonne,
Gueux, qui vais mendiant l'amour je ne sais où,
A qui de temps en temps le destin jette un sou,
Moi, cœur éteint dont l'âme, hélas! s'est retirée,
Du spectacle d'hier affiche déchirée,
Vois-tu, pour cet amour dont tes regards sont pleins,
Mon frère, je t'envie autant que je te plains!
— Ruy Blas! —

Moment de silence. Ils se tiennent les mains serrées en se regardant tous les deux avec une expression de tristesse et d'amitié confiante.

Entre don Salluste. Il s'avance à pas lents, fixant un regard d'attention profonde sur don César et Ruy Blas, qui ne le voient pas. Il tient d'une main un chapeau et une épée qu'il dépose en entrant sur un fauteuil, et de l'autre une bourse qu'il apporte sur la table.

DON SALLUSTE, à don César.

Voici l'argent.

A la voix de don Salluste, Ruy Blas se lève comme réveillé en sursaut, et se tient debout, les yeux baissés, dans l'attitude du respect.

DON CÉSAR, à part, regardant don Salluste de travers.

Hum! le diable m'emporte!
Cette sombre figure écoutait à la porte.
Bah! qu'importe, après tout!

Haut à don Salluste.

Don Salluste, merci.

Il ouvre la bourse, la répand sur la table, et remue avec joie les ducats qu'il range en piles sur le tapis de velours. Pendant qu'il les compte, don Salluste va au fond du théâtre, en regardant derrière lui s'il n'éveille pas l'attention de don César. Il ouvre la petite porte de droite. A un signe qu'il fait, trois alguazils armés d'épées et vêtus de noir en sortent. Don Salluste leur montre mystérieusement don César. Ruy Blas se tient immobile et debout près de la table comme une statue, sans rien voir ni rien entendre.

DON SALLUSTE, bas aux alguazils.

Vous allez suivre, alors qu'il sortira d'ici,
L'homme qui compte là de l'argent. — En silence,
Vous vous emparerez de lui. — Sans violence. —
Vous l'irez embarquer, par le plus court chemin,
A Denia. —

Il leur remet un parchemin scellé.

Voici l'ordre écrit de ma main. —
Enfin, sans écouter sa plainte chimérique,
Vous le vendrez en mer aux corsaires d'Afrique.
Mille piastres pour vous. Faites vite à présent.

Les trois alguazils s'inclinent et sortent.

DON CÉSAR, achevant de ranger ses ducats.

Rien n'est plus gracieux et plus divertissant
Que des écus à soi qu'on met en équilibre.

Il fait deux parts égales et se tourne vers Ruy Blas.

Frère, voici ta part.

RUY BLAS.

Comment!

DON CÉSAR, lui montrant une des deux piles d'or.

Prends! viens! sois libre!

DON SALLUSTE, qui les observe au fond du théâtre, à part.

Diable!

RUY BLAS, secouant la tête en signe de refus.

Non. C'est le cœur qu'il faudrait délivrer.
Non, mon sort est ici. Je dois y demeurer.

DON CÉSAR.

Bien. Suis ta fantaisie. Es-tu fou? suis-je sage?
Dieu le sait.

Il ramasse l'argent et le jette dans le sac qu'il empoche.

DON SALLUSTE, au fond du théâtre, à part et les observant toujours.

A peu près même air, même visage.

DON CÉSAR, à Ruy Blas.

Adieu.

RUY BLAS.

Ta main!

Ils se serrent la main. Don César sort sans voir don Salluste, qui se tient à l'écart.

SCÈNE QUATRIÈME.

RUY BLAS, DON SALLUSTE.

DON SALLUSTE.

Ruy Blas?

RUY BLAS, se retournant vivement.

Monseigneur?

DON SALLUSTE.

Ce matin,
Quand vous êtes venu, je ne suis pas certain
S'il faisait jour déjà?

RUY BLAS.

Pas encore, excellence.
J'ai remis au portier votre passe en silence,
Et puis, je suis monté.

DON SALLUSTE.

Vous étiez en manteau?

RUY BLAS.

Oui, monseigneur.

DON SALLUSTE.

Personne en ce cas au château
Ne vous a vu porter cette livrée encore?

RUY BLAS.

Ni personne à Madrid.

DON SALLUSTE, désignant du doigt la porte par où est sorti don César.

C'est fort bien. Allez clore
Cette porte. Quittez cet habit.

Ruy Blas dépouille son surtout de livrée et le jette sur un fauteuil.

Vous avez
Une belle écriture, il me semble. — Écrivez :

Il fait signe à Ruy Blas de s'asseoir à la table où sont les plumes et les écritoires. Ruy Blas obéit.

Vous m'allez aujourd'hui servir de secrétaire.
D'abord, un billet doux, — je ne veux rien vous taire, —
Pour ma reine d'amour, pour doña Praxedis,
Ce démon que je crois venu du paradis.
— Là, je dicte. « Un danger terrible est sur ma tête.
« Ma reine seule — peut conjurer la tempête,
« En venant me trouver ce soir dans ma maison.
« Sinon, je suis perdu. Ma vie et ma raison
« Et mon cœur, je mets tout à ses pieds que je baise. »

Il rit et s'interrompt.

Un danger ! la tournure, au fait, n'est pas mauvaise
Pour l'attirer chez moi. C'est que j'y suis expert.
Les femmes aiment fort à sauver qui les perd.
— Ajoutez : — « Par la porte au bas de l'avenue,
« Vous entrerez la nuit sans être reconnue.
« Quelqu'un de dévoué vous ouvrira. » — D'honneur,
C'est parfait. — Ah ! signez.

RUY BLAS.

Votre nom, monseigneur ?

DON SALLUSTE.

Non pas. Signez CÉSAR. C'est mon nom d'aventure.

RUY BLAS, après avoir obéi.

La dame ne pourra connaître l'écriture ?

DON SALLUSTE.

Bah ! le cachet suffit. J'écris souvent ainsi.
Ruy Blas, je pars ce soir, et je vous laisse ici.
J'ai sur vous les projets d'un ami très-sincère.
Votre état va changer, mais il est nécessaire
De m'obéir en tout. Comme en vous j'ai trouvé
Un serviteur discret, fidèle et réservé...

RUY BLAS, s'inclinant.

Monseigneur !

DON SALLUSTE, continuant.

Je vous veux faire un destin plus large.

RUY BLAS, montrant le billet qu'il vient d'écrire.

Où faut-il adresser la lettre ?

DON SALLUSTE.

Je m'en charge.

S'approchant de Ruy Blas d'un air significatif.

Je veux votre bonheur.

Un silence. Il fait signe à Ruy Blas de se rasseoir à table.

Écrivez : — « Moi, Ruy Blas,
« Laquais de monseigneur le marquis de Finlas,
« En toute occasion, ou secrète ou publique,
« M'engage à le servir comme un bon domestique. »

Ruy Blas obéit.

— Signez. De votre nom. La date. Bien. Donnez.

Il ploie et serre dans son portefeuille la lettre et le papier que Ruy Blas vient d'écrire.

On vient de m'apporter une épée. Ah ! tenez,
Elle est sur ce fauteuil.

Il désigne le fauteuil sur lequel il a posé l'épée et le chapeau. Il y va et prend l'épée.

L'écharpe est d'une soie
Peinte et brodée au goût le plus nouveau qu'on voie.

Il lui fait admirer la souplesse du tissu.

Touchez. — Que dites-vous, Ruy Blas, de cette fleur ?
La poignée est de Gil, le fameux ciseleur,

Celui qui le mieux creuse, au gré des belles filles,
Dans un pommeau d'épée une boîte à pastilles.

Il passe au cou de Ruy Blas l'écharpe à laquelle est attachée l'épée.

Mettez-la donc. — Je veux en voir sur vous l'effet.
— Mais vous avez ainsi l'air d'un seigneur parfait!

Écoutant.

On vient... oui. C'est bientôt l'heure où la reine passe. —
— Le marquis del Basto! —

La porte du fond sur la galerie s'ouvre. Don Salluste détache son manteau et le jette vivement sur les épaules de Ruy Blas, au moment où le marquis del Basto paraît; puis il va droit au marquis, en entraînant avec lui Ruy Blas stupéfait.

SCÈNE CINQUIÈME.

DON SALLUSTE, RUY BLAS, DON PAMFILO D'AVALOS, MARQUIS DEL BASTO. — Puis LE MARQUIS DE SANTA-CRUZ. — Puis LE COMTE D'ALBE. — Puis toute la cour.

DON SALLUSTE, au marquis del Basto.

Souffrez qu'à votre grâce
Je présente, marquis, mon cousin don César,
Comte de Garofa près de Velalcazar.

RUY BLAS, à part.

Ciel!

DON SALLUSTE, bas à Ruy Blas.

Taisez-vous!

LE MARQUIS DEL BASTO, saluant Ruy Blas.

Monsieur... charmé....

Il lui prend la main, que Ruy Blas lui livre avec embarras.

DON SALLUSTE, bas à Ruy Blas.

Laissez-vous faire.
Saluez!

Ruy Blas salue le marquis.

LE MARQUIS DEL BASTO, à Ruy Blas.

J'aimais fort madame votre mère.

Bas à don Salluste, en lui montrant Ruy Blas.

Bien changé! Je l'aurais à peine reconnu.

DON SALLUSTE, bas au marquis.

Dix ans d'absence!

LE MARQUIS DEL BASTO, de même.

Au fait!

DON SALLUSTE, frappant sur l'épaule de Ruy Blas.

Le voilà revenu!
Vous souvient-il, marquis? oh! quel enfant prodigue!
Comme il vous répandait les pistoles sans digue!
Tous les soirs danse et fête au vivier d'Apollo,
Et cent musiciens faisant rage sur l'eau!
A tous momens, galas, masques, concerts, fredaines,
Éblouissant Madrid de visions soudaines!
— En trois ans, ruiné! — c'était un vrai lion.
— Il arrive de l'Inde avec le galion.

RUY BLAS, avec embarras.

Seigneur...

DON SALLUSTE, gaîment.

Appelez-moi cousin, car nous le sommes.
Les Bazan sont, je crois, d'assez francs gentilshommes.
Nous avons pour ancêtre Iniguez d'Iviza.
Son petit-fils, Pedro de Bazan, épousa
Marianne de Gor. Il eut de Marianne
Jean, qui fut général de la mer Océane
Sous le roi don Philippe, et Jean eut deux garçons
Qui sur notre arbre antique ont greffé deux blasons.
Moi, je suis le marquis de Finlas; vous, le comte
De Garofa. Tous deux se valent si l'on compte.
Par les femmes, César, notre rang est égal.
Vous êtes Aragon, moi je suis Portugal.

Votre branche n'est pas moins haute que la nôtre :
Je suis le fruit de l'une, et vous la fleur de l'autre.

RUY BLAS, à part.

Où donc m'entraîne-t-il ?

Pendant que don Salluste a parlé, le marquis de Santa-Cruz, don Alvar de Bazan y Benavides, vieillard à moustache blanche et à grande perruque, s'est approché d'eux.

LE MARQUIS DE SANTA-CRUZ, à don Salluste.

Vous l'expliquez fort bien,
S'il est votre cousin, il est aussi le mien.

DON SALLUSTE.

C'est vrai, car nous avons une même origine,
Monsieur de Santa-Cruz.

Il lui présente Ruy Blas.

Don César.

LE MARQUIS DE SANTA-CRUZ.

J'imagine
Que ce n'est pas celui qu'on croyait mort.

DON SALLUSTE.

Si fait.

LE MARQUIS DE SANTA-CRUZ.

Il est donc revenu ?

DON SALLUSTE.

Des Indes.

LE MARQUIS DE SANTA-CRUZ, examinant Ruy Blas.

En effet !

DON SALLUSTE.

Vous le reconnaissez ?

LE MARQUIS DE SANTA-CRUZ.

Pardieu ! je l'ai vu naître !

DON SALLUSTE, bas à Ruy Blas.

Le bon homme est aveugle et se défend de l'être.
Il vous a reconnu pour prouver ses bons yeux.

LE MARQUIS DE SANTA-CRUZ, tendant la main à Ruy Blas.

Touchez là, mon cousin.

RUY BLAS, s'inclinant.

Seigneur...

LE MARQUIS DE SANTA-CRUZ, bas à don Salluste et lui montrant Ruy Blas.

On n'est pas mieux!

A Ruy Blas.

Charmé de vous revoir!

DON SALLUSTE, bas au marquis et le prenant à part.

Je vais payer ses dettes.
Vous le pouvez servir dans le poste où vous êtes.
Si quelque emploi de cour vaquait en ce moment,
Chez le roi, — chez la reine... —

LE MARQUIS DE SANTA-CRUZ, bas.

Un jeune homme charmant!
J'y vais songer. — Et puis, il est de la famille.

DON SALLUSTE, bas.

Vous avez tout crédit au conseil de Castille,
Je vous le recommande.

Il quitte le marquis de Santa-Cruz, et va à d'autres seigneurs auxquels il présente Ruy Blas. Parmi eux le comte d'Albe, très-superbement paré.

Don Salluste leur présentant Ruy Blas.

Un mien cousin, César,
Comte de Garofa, près de Velalcazar.

Les seigneurs échangent gravement des révérences avec Ruy Blas interdit.

Don Salluste, au comte de Ribagorza.

Vous n'étiez pas hier au ballet d'Atalante?
Lindamire a dansé d'une façon galante.

Il s'extasie sur le pourpoint du comte d'Albe.

C'est très-beau, comte d'Albe!

LE COMTE D'ALBE.

Ah! j'en avais encor

Un plus beau. Satin rose avec des rubans d'or.
Matalobos me l'a volé.

UN HUISSIER DE COUR, au fond du théâtre.

La reine approche!
Prenez vos rangs, messieurs.

Les grands rideaux de la galerie vitrée s'ouvrent. Les seigneurs s'échelonnent près de la porte, des gardes font la haie. Ruy Blas, haletant, hors de lui, vient sur le devant du théâtre comme pour s'y réfugier. Don Salluste l'y suit.

DON SALLUSTE, bas à Ruy Blas.

Est-ce que, sans reproche,
Quand votre sort grandit, votre esprit s'amoindrit?
Réveillez-vous, Ruy Blas. Je vais quitter Madrid.
Ma petite maison, près du pont, où vous êtes,
— Je n'en veux rien garder, hormi les clefs secrètes, —
Ruy Blas, je vous la donne, et les muets aussi.
Vous recevrez bientôt d'autres ordres. Ainsi
Faites ma volonté, je fais votre fortune.
Montez, ne craignez rien, car l'heure est opportune.
La cour est un pays où l'on va sans voir clair.
Marchez les yeux bandés; j'y vois pour vous, mon cher!

De nouveaux gardes paraissent au fond du théâtre.

L'HUISSIER, à haute voix.

La reine!

RUY BLAS, à part.

La reine! ah!

La reine, vêtue magnifiquement, paraît, entourée de dames et de pages, sous un dais de velours écarlate porté par quatre gentilshommes de chambre, tête nue. Ruy Blas, effaré, la regarde comme absorbé par cette resplendissante vision. Tous les grands d'Espagne se couvrent, le marquis del Basto, le comte d'Albe, le marquis de Santa-Cruz, don Salluste. Don Salluste va rapidement au fauteuil, et y prend le chapeau qu'il apporte à Ruy Blas.

DON SALLUSTE, à Ruy Blas en lui mettant le chapeau sur la tête.

Quel vertige vous gagne?
Couvrez-vous donc, César, vous êtes grand d'Espagne.

RUY BLAS, éperdu, bas à don Salluste.

Et que m'ordonnez-vous, seigneur, presentement?

DON SALLUSTE, lui montrant la reine qui traverse lentement la galerie.

De plaire à cette femme et d'être son amant.

FIN DU PREMIER ACTE.

ACTE DEUXIÈME.

LA REINE D'ESPAGNE.

PERSONNAGES.

LA REINE.
RUY BLAS.
DON GURITAN.
CASILDA.
LA DUCHESSE D'ALBUQUERQUE.
UN HUISSIER DE CHAMBRE.
DUÈGNES. PAGES. GARDES.

ACTE DEUXIÈME.

Un salon contigu à la chambre à coucher de la reine. A gauche, une petite porte donnant dans cette chambre. A droite, sur un pan coupé, une autre porte donnant dans les appartemens extérieurs. Au fond, de grandes fenêtres ouvertes. C'est l'après-midi d'une belle journée d'été. Grande table. Fauteuils. Une figure de sainte, richement enchâssée, est adossée au mur ; au bas on lit : *Santa Maria Esclava.* Au côté opposé est une madone devant laquelle brûle une lampe d'or. Près de la madone, un portrait en pied du roi Charles II.

Au lever du rideau, la reine doña Maria de Neubourg est dans un coin, assise à côté d'une de ses femmes, jeune et jolie fille. La reine est vêtue de blanc, robe de drap d'argent. Elle brode et s'interrompt par momens pour causer. Dans le coin opposé est assise, sur une chaise à dossier, doña Juana de la Cueva, duchesse d'Albuquerque, camerera mayor, une tapisserie à la main ; vieille femme en noir. Près de la duchesse, à une table, plusieurs duègnes, travaillant à des ouvrages de femmes. Au fond, se tient don Guritan, comte d'Oñate, majordome, grand, sec, moustaches grises, cinquante-cinq ans environ ; mine de vieux militaire, quoique vêtu avec une élégance exagérée et qu'il ait des rubans jusque sur les souliers.

SCÈNE PREMIÈRE.

LA REINE, LA DUCHESSE D'ALBUQUERQUE, DON GURITAN, CASILDA, DUÈGNES.

LA REINE.

Il est parti pourtant ! Je devrais être à l'aise,
Eh bien non ! ce marquis de Finlas ! il me pèse !
Cet homme-là me hait.

4

CASILDA.

Selon votre souhait
N'est-il pas exilé ?

LA REINE

Cet homme-là me hait.

CASILDA.

Votre majesté ..

LA REINE.

Vrai ! Casilda, c'est étrange,
Ce marquis est pour moi comme le mauvais ange.
L'autre jour, il devait partir le lendemain,
Et, comme à l'ordinaire, il vint au baise-main.
Tous les grands s'avançaient vers le trône à la file ;
Je leur livrais ma main, j'étais triste et tranquille,
Regardant vaguement, dans le salon obscur,
Une bataille au fond peinte sur un grand mur,
Quand tout-à-coup, mon œil se baissant vers la table,
Je vis venir à moi cet homme redoutable !
Sitôt que je le vis, je ne vis plus que lui.
Il venait à pas lents, jouant avec l'étui
D'un poignard dont parfois j'entrevoyais la lame,
Grave, et m'éblouissant de son regard de flamme.
Soudain il se courba, souple et comme rampant...
Je sentis sur ma main sa bouche de serpent !

CASILDA.

Il rendait ses devoirs : — rendons-nous pas les nôtres ?

LA REINE.

Sa lèvre n'était pas comme celle des autres.
C'est la dernière fois que je l'ai vu. Depuis,
J'y pense très-souvent. J'ai bien d'autres ennuis,
C'est égal, je me dis : — L'enfer est dans cette âme.
Devant cet homme-là je ne suis qu'une femme. —
Dans mes rêves, la nuit, je rencontre en chemin

Cet effrayant démon qui me baise la main;
Je vois luire son œil d'où rayonne la haine;
Et, comme un noir poison qui va de veine en veine,
Souvent, jusqu'à mon cœur qui semble se glacer,
Je sens en longs frissons courir son froid baiser!
Que dis-tu de cela?

CASILDA.

Purs fantômes, madame.

LA REINE.

Au fait, j'ai des soucis bien plus réels dans l'âme.

A part.

Oh! ce qui me tourmente, il faut le leur cacher!

A Casilda.

Dis-moi, ces mendians qui n'osaient approcher...

CASILDA, allant à la fenêtre.

Je sais, madame, ils sont encor là, dans la place.

LA REINE.

Tiens! jette-leur ma bourse...

Casilda prend la bourse et va la jeter par la fenêtre.

CASILDA.

Oh! madame, par grâce,
Vous qui faites l'aumône avec tant de bonté,

Montrant à la reine don Guritan, qui debout et silencieux au fond de la chambre, fixe sur la reine un œil plein d'adoration muette.

Ne jetterez-vous rien au comte d'Oñate?
Rien qu'un mot!—un vieux brave! amoureux sous l'armure!
D'autant plus tendre au cœur que l'écorce est plus dure!

LA REINE.

Il est bien ennuyeux!

CASILDA.

J'en conviens. — Parlez-lui!

LA REINE, se tournant vers don Guritan.

Bonjour, comte!

Don Guritan s'approche avec trois révérences, et vient baiser en soupirant la main de la reine, qui le laisse faire d'un air indifférent et distrait. Puis, il retourne à sa place, à côté du siége de la camerera mayor.

DON GURITAN, en se retirant, bas à Casilda.

La reine est charmante aujourd'hui!

CASILDA, le regardant s'éloigner.

Oh! le pauvre héron! près de l'eau qui le tente,
Il se tient. Il attrape, après un jour d'attente,
Un bonjour, un bon soir, souvent un mot bien sec,
Et s'en va tout joyeux, cette pâture au bec.

LA REINE, avec un sourire triste.

Tais-toi!

CASILDA.

Pour être heureux, il suffit qu'il vous voie!
Voir la reine, pour lui cela veut dire : — joie!

S'extasiant sur une boîte posée sur un guéridon.

Oh! la divine boîte!

LA REINE.

Ah! j'en ai la clef là.

CASILDA.

Ce bois de calambour est exquis!

LA REINE, lui présentant la clef.

Ouvre-la.

Vois : — je l'ai fait emplir de reliques, ma chère;
Puis je vais l'envoyer à Neubourg, à mon père :
Il sera très-content! —

Elle rêve un instant, puis s'arrache vivement à sa rêverie.

A part.

Je ne veux pas penser!
Ce que j'ai dans l'esprit, je voudrais le chasser.

A Casilda.

Va chercher dans ma chambre un livre... — je suis folle!

Pas un livre allemand! tout en langue espagnole.
Le roi chasse. Toujours absent. Ah! quel ennui!
En six mois, j'ai passé douze jours près de lui.

CASILDA.

Épousez donc un roi pour vivre de la sorte!

La reine retombe dans sa rêverie, puis en sort de nouveau violemment et comme avec effort.

LA REINE.

Je veux sortir!

A ce mot, prononcé impérieusement par la reine, la duchesse d'Albuquerque, qui est jusqu'à ce moment restée immobile sur son siége, lève la tête, puis se dresse debout et fait une profonde révérence à la reine.

LA DUCHESSE D'ALBUQUERQUE, d'une voix brève et dure.

Il faut, pour que la reine sorte,
Que chaque porte soit ouverte, — c'est réglé! —
Par un des grands d'Espagne ayant droit à la clé.
Or, nul d'eux ne peut être au palais à cette heure.

LA REINE.

Mais on m'enferme donc! mais on veut que je meure,
Duchesse, enfin!

LA DUCHESSE, avec une nouvelle révérence.

Je suis camerera mayor,
Et je remplis ma charge.

Elle se rassied.

LA REINE, prenant sa tête à deux mains, avec désespoir, à part.

Allons! rêver encor!
Non!

Haut.

— Vite! un lansquenet! à moi, toutes mes femmes!
Une table, et jouons!

LA DUCHESSE, aux duègnes.

Ne bougez pas, mesdames.

Se levant et faisant la révérence à la reine.

Sa Majesté ne peut, suivant l'ancienne loi,

Jouer qu'avec des rois ou des parens du roi.

LA REINE, avec emportement.

Eh bien! faites venir ces parens.

CASILDA, à part, regardant la duchesse.

Oh! la duègne!

LA DUCHESSE, avec un signe de croix.

Dieu n'en a pas donné, madame, au roi qui règne.
La reine-mère est morte. Il est seul à présent.

LA REINE.

Qu'on me serve à goûter!

CASILDA.

Oui, c'est très-amusant.

LA REINE.

Casilda, je t'invite.

CASILDA, à part, regardant la camerera.

Oh! respectable aïeule!

LA DUCHESSE, avec une révérence.

Quand le roi n'est pas là, la reine mange seule.

Elle se rassied.

LA REINE, poussée à bout.

Ne pouvoir — O mon Dieu! qu'est-ce que je ferai? —
Ni sortir, ni jouer, ni manger à mon gré!
Vraiment, je meurs depuis un an que je suis reine.

CASILDA, à part, la regardant avec compassion.

Pauvre femme! passer tous ses jours dans la gêne,
Au fond de cette cour insipide! et n'avoir
D'autre distraction que le plaisir de voir,
Au bord de ce marais à l'eau dormante et plate,

Regardant don Guritan toujours immobile et debout au fond de la chambre.

Un vieux comte amoureux rêvant sur une patte!

LA REINE, à Casilda.

Que faire? voyons? cherche une idée.

CASILDA.

Ah ! tenez !
En l'absence du roi c'est vous qui gouvernez.
Faites, pour vous distraire, appeler les ministres !

LA REINE, haussant les épaules.

Ce plaisir ! — avoir là huit visages sinistres
Me parlant de la France et de son roi caduc,
De Rome, et du portrait de monsieur l'archiduc,
Qu'on promène à Burgos, parmi des cavalcades,
Sous un dais de drap d'or porté par quatre alcades !
— Cherche autre chose.

CASILDA.

Eh bien ! pour vous désennuyer,
Si je faisais monter quelque jeune écuyer ?

LA REINE.

Casilda !

CASILDA.

Je voudrais regarder un jeune homme,
Madame ! cette cour vénérable m'assomme.
Je crois que la vieillesse arrive par les yeux,
Et qu'on vieillit plus vite à voir toujours des vieux !

LA REINE.

Ris, folle ! — Il vient un jour où le cœur se reploie.
Comme on perd le sommeil, enfant, on perd la joie.

Pensive.

Mon bonheur, c'est ce coin du parc où j'ai le droit
D'aller seule.

CASILDA.

Oh ! le beau bonheur, l'aimable endroit !
Des piéges sont creusés derrière tous les marbres.
On ne voit rien. Les murs sont plus hauts que les arbres.

LA REINE.

Oh ! je voudrais sortir parfois !

CASILDA, bas.

Sortir ! Eh bien,
Madame, écoutez-moi Parlons bas. Il n'est rien
De tel qu'une prison bien austère et bien sombre
Pour vous faire chercher et trouver dans son ombre
Ce bijou rayonnant nommé la clef des champs.
— Je l'ai ! — Quand vous voudrez, en dépit des méchans,
Je vous ferai sortir, la nuit, et par la ville,
Nous irons !

LA REINE.

Ciel ! jamais ! tais-toi !

CASILDA.

C'est très-facile !

LA REINE.

Paix !

Elle s'éloigne un peu de Casilda et retombe dans sa rêverie.

Que ne suis-je encor, moi qui crains tous ces grands,
Dans ma bonne Allemagne avec mes bons parens !
Comme, ma sœur et moi, nous courions dans les herbes !
Et puis des paysans passaient, traînant des gerbes ;
Nous leur parlions. C'était charmant. Hélas ! un soir,
Un homme vint, qui dit : — Il était tout en noir.
Je tenais par la main ma sœur, douce compagne. —
« Madame, vous allez être reine d'Espagne. »
Mon père était joyeux et ma mère pleurait.
Ils pleurent tous les deux à présent. — En secret
Je vais faire envoyer cette boîte à mon père,
Il sera bien content. — Vois, tout me désespère.
Mes oiseaux d'Allemagne, ils sont tous morts ;

Casilda fait le signe de tordre le cou à des oiseaux, en regardant de travers la camerera.

Et puis
On m'empêche d'avoir des fleurs de mon pays.

Jamais à mon oreille un mot d'amour ne vibre.
Aujourd'hui je suis reine. Autrefois j'étais libre!
Comme tu dis, ce parc est bien triste le soir,
Et les murs sont si hauts qu'ils empêchent de voir.
-- Oh! l'ennui! —

On entend au dehors un chant éloigné.

Qu'est ce bruit?

CASILDA.

Ce sont les lavandières
Qui passent en chantant, là-bas, dans les bruyères.

Le chant se rapproche. On distingue les paroles. La reine écoute avidement.

VOIX DU DEHORS.

A quoi bon entendre
Les oiseaux des bois?
L'oiseau le plus tendre
Chante dans ta voix.

Que Dieu montre ou voile
Les astres des cieux!
La plus pure étoile
Brille dans tes yeux.

Qu'Avril renouvelle
Le jardin en fleur!
La fleur la plus belle
Fleurit dans ton cœur.

Cet oiseau de flamme,
Cet astre du jour,
Cette fleur de l'ame
S'appelle l'amour!

Les voix décroissent et s'éloignent.

LA REINE, rêveuse.

L'amour! — Oui, celles-là sont heureuses. — Leur voix,
Leur chant me fait du mal et du bien à la fois.

LA DUCHESSE, aux duègnes.

Ces femmes dont le chant importune la reine,
Qu'on les chasse!

LA REINE, vivement.

Comment! on les entend à peine.
Pauvres femmes! je veux qu'elles passent en paix,
Madame.

A Casilda en lui montrant une croisée au fond.

Par ici le bois est moins épais;
Cette fenêtre-là donne sur la campagne;
Viens, tâchons de les voir.

Elle se dirige vers la fenêtre avec Casilda.

LA DUCHESSE se levant, avec une révérence.

Une reine d'Espagne
Ne doit pas regarder à la fenêtre.

LA REINE, s'arrêtant et revenant sur ses pas.

Allons!
Le beau soleil couchant qui remplit les vallons,
La poudre d'or du soir qui monte sur la route,
Les lointaines chansons que toute oreille écoute,
N'existent plus pour moi! j'ai dit au monde adieu.
Je ne puis même voir la nature de Dieu!
Je ne puis même voir la liberté des autres!

LA DUCHESSE, faisant signe aux assistants de sortir.

Sortez, c'est aujourd'hui le jour des saints apôtres.

Casilda fait quelques pas vers la porte; la reine l'arrête.

LA REINE.

Tu me quittes?

CASILDA, montrant la duchesse.

Madame, on veut que nous sortions

LA DUCHESSE, saluant la reine jusqu'à terre.

Il faut laisser la reine à ses dévotions.

Tous sortent avec de profondes révérences.

SCÈNE DEUXIÈME.

LA REINE, seule.

A ses dévotions? dis-donc à sa pensée !
Où la fuir maintenant? seule ! ils m'ont tous laissée.
Pauvre esprit sans flambeau dans un chemin obscur !

Rêvant.

Oh ! cette main sanglante empreinte sur le mur !
Il s'est donc blessé? Dieu ! — mais aussi c'est sa faute.
Pourquoi vouloir franchir la muraille si haute?
Pour m'apporter les fleurs qu'on me refuse ici,
Pour cela, pour si peu, s'aventurer ainsi !
C'est aux pointes de fer qu'il s'est blessé sans doute.
Un morceau de dentelle y pendait. Une goutte
De ce sang répandu pour moi vaut tous mes pleurs.

S'enfonçant dans sa rêverie.

Chaque fois qu'à ce banc je vais chercher les fleurs,
Je promets à mon Dieu, dont l'appui me délaisse,
De n'y plus retourner. J'y retourne sans cesse.
— Mais lui ! voilà trois jours qu'il n'est pas revenu.
— Blessé ! — qui que tu sois, ô jeune homme inconnu !
Toi qui, me voyant seule et loin de ce qui m'aime,
Sans me rien demander, sans rien espérer même,
Viens à moi, sans compter les périls où tu cours ;
Toi qui verses ton sang, toi qui risques tes jours
Pour donner une fleur à la reine d'Espagne ;
Qui que tu sois, ami dont l'ombre m'accompagne,
Puisque mon cœur subit une inflexible loi,

Sois aimé par ta mère et sois béni par moi !

Vivement et portant la main à son cœur.

— Oh ! sa lettre me brûle ! —

Retombant dans sa rêverie.

Et l'autre ! l'implacable
Don Salluste ! le sort me protège et m'accable.
En même temps qu'un ange un spectre affreux me suit ;
Et, sans les voir, je sens s'agiter dans ma nuit,
Pour m'amener peut-être à quelque instant suprême,
Un homme qui me hait près d'un homme qui m'aime.
L'un me sauvera-t-il de l'autre ? Je ne sais.
Hélas ! mon destin flotte à deux vents opposés.
Que c'est faible une reine et que c'est peu de chose !
Prions.

Elle s'agenouille devant la madone.

— Secourez-moi, madame ! car je n'ose
Élever mon regard jusqu'à vous !

Elle s'interrompt.

— O mon Dieu !
La dentelle, la fleur, la lettre, c'est du feu !

Elle met la main dans sa poitrine et en arrache une lettre froissée, un bouquet desséché de petites fleurs bleues et un morceau de dentelle taché de sang qu'elle jette sur la table, puis elle retombe à genoux.

Vierge ! astre de la mer ! Vierge ! espoir du martyre !
Aidez-moi ! —

S'interrompant.

Cette lettre !

Se tournant à demi vers la table.

Elle est là qui m'attire.

S'agenouillant de nouveau.

Je ne veux plus la lire ! — O reine de douceur !
Vous qu'à tout affligé Jésus donne pour sœur !
Venez, je vous appelle !

Elle se lève, fait quelques pas vers la table, puis s'arrête, puis enfin se précipite sur la lettre, comme cédant à une attraction irrésistible.

Oui, je vais la relire
Une dernière fois! Après, je la déchire!

Avec un sourire triste.

Hélas! depuis un mois je dis toujours cela.

Elle déplie la lettre résolument et lit.

« Madame, sous vos pieds, dans l'ombre, un homme est là
« Qui vous aime, perdu dans la nuit qui le voile;
« Qui souffre, ver de terre amoureux d'une étoile;
« Qui pour vous donnera son âme, s'il le faut;
« Et qui se meurt en bas quand vous brillez en haut. »

Elle pose la lettre sur la table.

Quand l'âme a soif, il faut qu'elle se désaltère,
Fût-ce dans du poison!

Elle remet la lettre et la dentelle dans sa poitrine.

Je n'ai rien sur la terre.
Mais enfin il faut bien que j'aime quelqu'un, moi!
Oh! s'il avait voulu, j'aurais aimé le roi.
Mais il me laisse ainsi, — seule, — d'amour privée.

La grande porte s'ouvre à deux battans. Entre un huissier de chambre en grand costume.

L'HUISSIER, à haute voix.

Une lettre du roi!

LA REINE, comme réveillée en sursaut, avec un cri de joie.

Du roi! je suis sauvée!

SCÈNE TROISIÈME.

LA REINE, LA DUCHESSE D'ALBUQUERQUE, CASILDA, DON GURITAN, FEMMES DE LA REINE, PAGES, RUY BLAS.

Tous entrent gravement. La duchesse en tête, puis les femmes. Ruy Blas reste au fond du théâtre. Il est magnifiquement vêtu. Son manteau tombe sur son bras gauche et le cache. Deux pages, portant sur un coussin de drap d'or la lettre du roi, viennent s'agenouiller devant la reine, à quelques pas de distance.

RUY BLAS, au fond du théâtre, à part.

Où suis-je?—Qu'elle est belle!—Oh! pour qui suis-je ici?

LA REINE, à part.

C'est un secours du ciel!

Haut.

Donnez-vite!...

Se tournant vers le portrait du roi.

Merci,

Monseigneur!

A la duchesse.

D'où me vient cette lettre?

LA DUCHESSE.

Madame,

D'Aranjuez où le roi chasse.

LA REINE.

Du fond de l'âme

Je lui rends grâce. Il a compris qu'en mon ennui,
J'avais besoin d'un mot d'amour qui vînt de lui!
Mais donnez-donc.

LA DUCHESSE, avec une révérence, montrant la lettre.

L'usage, il faut que je le dise,

Veut que ce soit d'abord moi qui l'ouvre et la lise.

LA REINE.

Encore ! — Eh bien, lisez !

La duchesse prend la lettre et la déploie lentement.

CASILDA, à part.

Voyons le billet doux.

LA DUCHESSE, lisant.

« Madame, il fait grand vent et j'ai tué six loups.
« Signé, CARLOS. »

LA REINE, à part.

Hélas !

DON GURITAN, à la duchesse.

C'est tout ?

LA DUCHESSE.

Oui, seigneur comte.

CASILDA, à part.

Il a tué six loups ! comme cela vous monte
L'imagination ! Votre cœur est jaloux,
Tendre, ennuyé, malade ? — Il a tué six loups !

LA DUCHESSE, à la reine en lui présentant la lettre.

Si sa majesté veut ?...

LA REINE, la repoussant.

Non.

CASILDA, à la duchesse.

C'est bien tout ?

LA DUCHESSE.

Sans doute.
Que faut-il donc de plus ? notre roi chasse ; en route
Il écrit ce qu'il tue avec le temps qu'il fait.
C'est fort bien.

Examinant de nouveau la lettre.

Il écrit ? non, il dicte.

LA REINE, lui arrachant la lettre et l'examinant à son tour.

En effet,

Ce n'est pas de sa main. Rien que sa signature!

Elle l'examine avec plus d'attention et paraît frappée de stupeur.

A part.

Est-ce une illusion? c'est la même écriture
Que celle de la lettre!

Elle désigne de la main la lettre qu'elle vient de cacher sur son cœur.

Oh! qu'est-ce que cela?

A la duchesse.

Où donc est le porteur du message?

LA DUCHESSE, montrant Ruy Blas.

Il est là.

LA REINE, se tournant à demi vers Ruy Blas.

Ce jeune homme?

LA DUCHESSE.

C'est lui qui l'apporte en personne.
— Un nouvel écuyer que sa majesté donne
A la reine. Un seigneur que de la part du roi
Monsieur de Santa-Cruz me recommande, à moi.

LA REINE.

Son nom?

LA DUCHESSE.

C'est le seigneur César de Bazan, comte
De Garofa. S'il faut croire ce qu'on raconte,
C'est le plus accompli gentilhomme qui soit.

LA REINE.

Bien. Je veux lui parler.

A Ruy Blas.

Monsieur....

RUY BLAS, à part, tressaillant.

Elle me voit!
Elle me parle! Dieu! je tremble.

LA DUCHESSE, à Ruy Blas.

Approchez, comte.

DON GURITAN, regardant Ruy Blas de travers, à part.

Ce jeune homme ! écuyer ! ce n'est pas là mon compte.

Ruy Blas pâle et troublé approche à pas lents.

LA REINE, à Ruy Blas.

Vous venez d'Aranjuez ?

RUY BLAS, s'inclinant.

Oui, madame.

LA REINE.

Le roi
Se porte bien ?

Ruy Blas s'incline, elle montre la lettre royale.

Il a dicté ceci pour moi ?

RUY BLAS.

Il était à cheval, il a dicté la lettre...

Il hésite un moment.

A l'un des assistans.

LA REINE, à part, regardant Ruy Blas.

Son regard me pénètre.
Je n'ose demander à qui.

Haut.

C'est bien, allez.
— Ah ! —

Ruy Blas qui avait fait quelques pas pour sortir revient vers la reine.

Beaucoup de seigneurs étaient là rassemblés ?

A part.

Pourquoi donc suis-je émue en voyant ce jeune homme ?

Ruy Blas s'incline, elle reprend.

Lesquels ?

RUY BLAS.

Je ne sais pas les noms dont on les nomme.
Je n'ai passé là bas que des instans fort courts.
Voilà trois jours que j'ai quitté Madrid.

LA REINE, à part.

Trois jours !

Elle fixe un regard plein de trouble sur Ruy Blas.

RUY BLAS, à part.

C'est la femme d'un autre ! ô jalousie affreuse !
— Et de qui ! — Dans mon cœur un abîme se creuse.

DON GURITAN, s'approchant de Ruy Blas.

Vous êtes écuyer de la reine ? Un seul mot.
Vous connaissez quel est votre service ? Il faut
Vous tenir cette nuit dans la chambre prochaine,
Afin d'ouvrir au roi, s'il venait chez la reine.

RUY BLAS, tressaillant.

A part.

Ouvrir au roi ! moi !

Haut.

Mais... il est absent.

DON GURITAN.

Le roi

Peut-il pas arriver à l'improviste ?

RUY BLAS, à part.

Quoi !

DON GURITAN, à part, observant Ruy Blas.

Qu'a-t-il ?

LA REINE, qui a tout entendu et dont le regard est resté fixé sur Ruy Blas.

Comme il pâlit !

Ruy Blas chancelant s'appuie sur le bras d'un fauteuil.

CASILDA, à la reine.

Madame, ce jeune homme

Se trouve mal !...

RUY BLAS, se soutenant à peine.

Moi, non ! mais c'est singulier comme
Le grand air... le soleil... la longueur du chemin...

A part.

— Ouvrir au roi!

Il tombe épuisé sur un fauteuil, son manteau se dérange et laisse voir sa main gauche enveloppée de linges ensanglantés.

CASILDA.

Grand Dieu, madame! à cette main
Il est blessé!

LA REINE.

Blessé!

CASILDA.

Mais il perd connaissance.
Mais vite, faisons-lui respirer quelque essence!

LA REINE, fouillant dans sa gorgerette.

Un flacon que j'ai là contient une liqueur...

En ce moment son regard tombe sur la manchette que Ruy Blas porte au bras droit.

A part.

C'est la même dentelle!

Au même instant elle a tiré le flacon de sa poitrine, et dans son trouble elle a pris en même temps le morceau de dentelle qui y était caché. Ruy Blas, qui ne la quitte pas des yeux, voit cette dentelle sortir du sein de la reine.

RUY BLAS, éperdu.

Oh!

Le regard de la reine et le regard de Ruy Blas se rencontrent. Un silence.

LA REINE, à part.

C'est lui!

RUY BLAS, à part.

Sur son cœur!

LA REINE, à part.

C'est lui!

RUY BLAS, à part.

Faites, mon Dieu, qu'en ce moment je meure!

Dans le désordre de toutes les femmes s'empressant autour de Ruy Blas, ce qui se passe entre la reine et lui n'est remarqué de personne.

CASILDA, faisant respirer le flacon à Ruy Blas.

Comment vous êtes-vous blessé ? c'est tout à l'heure ?
Non ? cela s'est rouvert en route ? Aussi pourquoi
Vous charger d'apporter le message du roi ?

LA REINE, à Casilda.

Vous finirez bientôt vos questions, j'espère.

LA DUCHESSE, à Casilda.

Qu'est-ce que cela fait à la reine, ma chère ?

LA REINE.

Puisqu'il avait écrit la lettre, il pouvait bien
L'apporter, n'est-ce pas ?

CASILDA.

Mais il n'a dit en rien
Qu'il eût écrit la lettre.

LA REINE, à part.

Oh !

A Casilda.

Tais-toi !

CASILDA, à Ruy Blas.

Votre grâce
Se trouve-t-elle mieux ?

RUY BLAS.

Je renais !

LA REINE, à ses femmes.

L'heure passe,
Rentrons. — Qu'en son logis le comte soit conduit.

Aux pages au fond du théâtre.

Vous savez que le roi ne vient pas cette nuit ?
Il passe la saison tout entière à la chasse.

Elle rentre avec sa suite dans ses appartemens.

CASILDA, la regardant sortir.

La reine a dans l'esprit quelque chose.

Elle sort par la même porte que la reine en emportant la petite cassette aux reliques.

RUY BLAS, resté seul.

Il semble écouter encore quelque temps avec une joie profonde les dernières paroles de la reine. Il parait comme en proie à un rêve. Le morceau de dentelle que la reine a laissé tomber dans son trouble est resté à terre sur le tapis. Il le ramasse, le regarde avec amour et le couvre de baisers. Puis il lève les yeux au ciel.

O Dieu ! grâce !
Ne me rendez pas fou !

Regardant le morceau de dentelle.

C'était bien sur son cœur !

Il le cache dans sa poitrine. — Entre don Guritan. Il revient par la porte de la chambre où il a suivi la reine. Il marche à pas lents vers Ruy Blas. Arrivé près de lui sans dire un mot, il tire à demi son épée, et la mesure du regard avec celle de Ruy Blas. Elles sont inégales. Il remet son épée dans le fourreau. Ruy Blas le regarde faire avec étonnement.

SCÈNE QUATRIÈME.

RUY BLAS, DON GURITAN.

DON GURITAN, repoussant son épée dans le fourreau.

J'en apporterai deux de pareille longueur.

RUY BLAS.

Monsieur, que signifie ?...

DON GURITAN, avec gravité.

En mil six cent cinquante,
J'étais très-amoureux. J'habitais Alicante.
Un jeune homme, bien fait, beau comme les amours,
Regardait de fort près ma maîtresse, et toujours
Passait sous son balcon, devant la cathédrale,
Plus fier qu'un capitan sur la barque amirale.
Il avait nom Vasquez, seigneur, quoique bâtard.
Je le tuai. —

Ruy Blas veut l'interrompre, don Guritan l'arrête du geste, et continue.

Vers l'an soixante-six, plus tard,

Gil, comte d'Iscola, cavalier magnifique,
Envoya chez ma belle, appelée Angélique,
Avec un billet doux, qu'elle me présenta,
Un esclave nommé Grifel de Viserta.
Je fis tuer l'esclave et je tuai le maître.

RUY BLAS.

Monsieur !...

DON GURITAN, poursuivant.

Plus tard, vers l'an quatre-vingt, je crus être
Trompé par ma beauté, fille aux tendres façons,
Pour Tirso Gamonal, un de ces beaux garçons
Dont le visage altier et charmant s'accommode
D'un panache éclatant. C'est l'époque où la mode
Était qu'on fît ferrer ses mules en or fin.
Je tuai don Tirso Gamonal.

RUY BLAS.

Mais enfin
Que veut dire cela, monsieur ?

DON GURITAN.

Cela veut dire,
Comte, qu'il sort de l'eau du puits quand on en tire ;
Que le soleil se lève à quatre heures demain ;
Qu'il est un lieu désert et loin de tout chemin,
Commode aux gens de cœur, derrière la chapelle ;
Qu'on vous nomme, je crois, César, et qu'on m'appelle
Don Gaspar Guritan Tassis y Guevarra,
Comte d'Oñate.

RUY BLAS, froidement.

Bien, monsieur, on y sera.

Depuis quelques instans, Casilda, curieuse, est entrée à pas de loup par la petite porte du fond, et a écouté les dernières paroles des deux interlocuteurs sans être vue d'eux.

CASILDA, à part.

Un duel ! avertissons la reine.

Elle rentre et disparaît par la petite porte.

DON GURITAN, toujours imperturbable.

En vos études,
S'il vous plaît de connaître un peu mes habitudes,
Pour votre instruction, monsieur, je vous dirai
Que je n'ai jamais eu qu'un goût fort modéré
Pour ces godelureaux, grands friseurs de moustache,
Beaux damerets sur qui l'œil des femmes s'attache,
Qui sont tantôt plaintifs et tantôt radieux,
Et qui, dans les maisons, faisant force clins d'yeux,
Prenant sur les fauteuils d'adorables tournures,
Viennent s'évanouir pour des égratignures.

RUY BLAS.

Mais — je ne comprends pas.

DON GURITAN.

Vous comprenez fort bien.
Nous sommes tous les deux épris du même bien.
L'un de nous est de trop dans ce palais. En somme,
Vous êtes écuyer, moi je suis majordome.
Droits pareils. Au surplus, je suis mal partagé,
La partie entre nous n'est pas égale : j'ai
Le droit du plus ancien, vous le droit du plus jeune.
Donc vous me faites peur. A la table où je jeûne
Voir un jeune affamé s'asseoir avec des dents
Effrayantes, un air vainqueur, des yeux ardents,
Cela me trouble fort. Quant à lutter ensemble
Sur le terrain d'amour, beau champ qui toujours tremble,
De fadaises, mon cher, je sais mal faire assaut,
J'ai la goutte; et d'ailleurs ne suis point assez sot
Pour disputer le cœur d'aucune Pénélope
Contre un jeune gaillard si prompt à la syncope.
C'est pourquoi vous trouvant fort beau, fort caressant,
Fort gracieux, fort tendre et fort intéressant,
Il faut que je vous tue.

RUY BLAS.

Eh bien, essayez.

DON GURITAN.

Comte

De Garofa, demain, à l'heure où le jour monte,
A l'endroit indiqué, sans témoin, ni valet,
Nous nous égorgerons galamment, s'il vous plaît,
Avec épée et dague, en dignes gentilshommes,
Comme il sied quand on est des maisons dont nous sommes.

Il tend la main à Ruy Blas qui la lui prend.

RUY BLAS.

Pas un mot de ceci, n'est-ce pas? —

Le comte fait un signe d'adhésion.

A demain.

Ruy Blas sort.

DON GURITAN, resté seul.

Non, je n'ai pas du tout senti trembler sa main.
Être sûr de mourir et faire de la sorte,
C'est d'un brave jeune homme!

Bruit d'une clef à la petite porte de la chambre de la reine.
Don Guritan se retourne.

On ouvre cette porte?

La reine paraît et marche vivement vers don Guritan, surpris et charmé de la voir. Elle tient entre ses mains la petite cassette.

SCÈNE CINQUIÈME.

DON GURITAN, LA REINE.

LA REINE, avec un sourire.

C'est vous que je cherchais!

DON GURITAN, ravi.

Qui me vaut ce bonheur?

LA REINE, posant la cassette sur le guéridon.

Oh! Dieu, rien, ou du moins peu de chose, seigneur.

Elle rit.

Tout à l'heure on disait, parmi d'autres paroles, —
Casilda, — vous savez que les femmes sont folles, —
Casilda soutenait que vous feriez pour moi
Tout ce que je voudrais.

DON GURITAN.

Elle a raison!

LA REINE, riant.

Ma foi,
J'ai soutenu que non.

DON GURITAN.

Vous avez tort, madame!

LA REINE.

Elle a dit que pour moi vous donneriez votre âme,
Votre sang...

DON GURITAN.

Casilda parlait fort bien ainsi.

LA REINE.

Et moi, j'ai dit que non.

DON GURITAN.

Et moi, je dis que si!
Pour votre majesté je suis prêt à tout faire.

LA REINE.

Tout?

DON GURITAN.

Tout!

LA REINE.

Et bien, voyons, jurez que pour me plaire
Vous ferez à l'instant ce que je vous dirai.

DON GURITAN.

Par le saint roi Gaspar, mon patron vénéré,

Je le jure ! ordonnez. J'obéis, ou je meure !

LA REINE, prenant la cassette.

Bien. Vous allez partir de Madrid tout à l'heure
Pour porter cette boîte en bois de calambour
A mon père, monsieur l'électeur de Neubourg.

DON GURITAN, à part.

Je suis pris !

Haut.

A Neubourg ?

LA REINE.

A Neubourg !

DON GURITAN.

Six cents lieues !

LA REINE.

Cinq cent cinquante.—

Elle montre la housse de soie qui enveloppe la cassette.

Ayez grand soin des franges bleues !
Cela peut se faner en route.

DON GURITAN.

Et quand partir ?

LA REINE.

Sur-le-champ.

DON GURITAN.

Ah ! demain !

LA REINE.

Je n'y puis consentir.

DON GURITAN, à part.

Je suis pris !

Haut.

Mais....

LA REINE.

Partez !

DON GURITAN.

Quoi ?..

LA REINE.

J'ai votre parole.

DON GURITAN.

Une affaire...

LA REINE.

Impossible.

DON GURITAN.

Un objet si frivole...

LA REINE.

Vite !

DON GURITAN.

Un seul jour !

LA REINE.

Néant.

DON GURITAN.

Car...

LA REINE.

Faites à mon gré.

DON GURITAN.

Je...

LA REINE.

Non.

DON GURITAN.

Mais...

LA REINE.

Partez !

DON GURITAN.

Si...

LA REINE.

Je vous embrasserai !

Elle lui saute au cou et l'embrasse.

DON GURITAN, fâché et charmé.

Haut.

Je ne résiste plus. J'obéirai, madame.

A part.

Dieu s'est fait homme ; soit. Le diable s'est fait femme !

LA REINE, montrant la fenêtre.

Une voiture en bas est là qui vous attend.

DON GURITAN.

Elle avait tout prévu !

Il écrit sur un papier quelques mots à la hâte et agite une sonnette. Un page paraît.

Page, porte à l'instant

Au seigneur don César de Bazan cette lettre.

A part.

Ce duel ! à mon retour il faut bien le remettre.

Je reviendrai !

Haut.

Je vais contenter de ce pas

Votre majesté.

LA REINE.

Bien.

Il prend la cassette, baise la main de la reine, salue profondément et sort. Un moment après on entend le roulement d'une voiture qui s'éloigne.

LA REINE, tombant sur un fauteuil.

Il ne le tuera pas !

FIN DU DEUXIÈME ACTE.

ACTE TROISIÈME.

PERSONNAGES.

RUY BLAS.
LA REINE.
DON SALLUSTE.
DON MANUEL ARIAS.
LE COMTE DE CAMPOREAL.
LE MARQUIS DE PRIEGO.
COVADENGA.
ANTONIO UBILLA.
MONTAZGO.
UN HUISSIER DE COUR.
UN PAGE.
CONSEILLERS PRIVÉS.

ACTE TROISIÈME.

La salle dite *salle de gouvernement*, dans le palais du roi à Madrid.

Au fond, une grande porte élevée au-dessus de quelques marches. Dans l'angle, à gauche, un pan coupé formé par une tapisserie de haute lice. Dans l'angle opposé, une fenêtre. A droite, une table carrée, revêtue d'un tapis de velours vert, autour de laquelle sont rangés des tabourets pour huit ou dix personnes correspondant à autant de pupitres placés sur la table. Le côté de la table qui fait face au spectateur est occupé par un grand fauteuil recouvert de drap d'or et surmonté d'un dais en drap d'or, aux armes d'Espagne, timbrées de la couronne royale. A côté de ce fauteuil une chaise.

Au moment où le rideau se lève, la junte du *Despacho Universal* (conseil privé du roi) est au moment de prendre séance.

SCÈNE PREMIÈRE.

DON MANUEL ARIAS, président de Castille. DON PEDRO VELEZ DE GUEVARRA, COMTE DE CAMPOREAL, conseiller de cape et d'épée de la contaduria-mayor. DON FERNANDO DE CORDOVA Y AGUILAR, MARQUIS DE PRIEGO, même qualité. ANTONIO UBILLA, écrivain-mayor des rentes. MONTAZGO, conseiller de robe de la chambre des Indes. COVADENGA, secrétaire suprême des îles. Plusieurs autres conseillers. Les conseillers de robe vêtus de noir. Les autres en habit de cour. Camporeal a la croix de Calatrava au manteau. Priego la toison d'or au cou.

Don Manuel Arias, président de Castille, et le comte de Camporeal causent à voix basse, et entre eux, sur le devant du théâtre, les autres conseillers font des groupes çà et là dans la salle.

DON MANUEL ARIAS.

Cette fortune-là cache quelque mystère.

LE COMTE DE CAMPOREAL.

Il a la toison d'or. Le voilà secrétaire

Universel, ministre, et puis duc d'Olmedo !

DON MANUEL ARIAS.

En six mois !

LE COMTE DE CAMPOREAL.

On le sert derrière le rideau.

DON MANUEL ARIAS, mystérieusement.

La reine !

LE COMTE DE CAMPOREAL.

Au fait, le roi, malade et fou dans l'âme,
Vit avec le tombeau de sa première femme.
Il abdique, enfermé dans son Escurial,
Et la reine fait tout !

DON MANUEL ARIAS.

Mon cher Camporeal,
Elle règne sur nous, et don César sur elle.

LE COMTE DE CAMPOREAL.

Il vit d'une façon qui n'est pas naturelle.
D'abord, quant à la reine, il ne la voit jamais.
Ils paraissent se fuir. Vous me direz non, mais
Comme depuis six mois je les guette, et pour cause,
J'en suis sûr. Puis il a le caprice morose
D'habiter, assez près de l'hôtel de Tormez,
Un logis aveuglé par des volets fermés,
Avec deux laquais noirs, gardeurs de portes closes,
Qui s'ils n'étaient muets, diraient beaucoup de choses.

DON MANUEL ARIAS.

Des muets ?

LE COMTE DE CAMPOREAL.

Des muets. — Tous ses autres valets
Restent au logement qu'il a dans le palais.

DON MANUEL ARIAS.

C'est singulier.

DON ANTONIO UBILLA, qui s'est approché depuis quelques instans.

Il est de grande race, en somme.

LE COMTE DE CAMPOREAL.

L'étrange, c'est qu'il veut faire son honnête homme?

A don Manuel Arias.

— Il est cousin, — aussi Santa-Cruz l'a poussé! —
De ce marquis Salluste écroulé l'an passé. —
Jadis, ce don César, aujourd'hui notre maître,
Était le plus grand fou que la lune eût vu naître.
C'était un drôle, — on sait des gens qui l'ont connu, —
Qui prit un beau matin son fonds pour revenu,
Qui changeait tous les jours de femmes, de carrosses,
Et dont la fantaisie avait des dents féroces
Capables de manger en un an le Pérou.
Un jour il s'en alla, sans qu'on ait su par où.

DON MANUEL ARIAS.

L'âge a du fou joyeux fait un sage fort rude.

LE COMTE DE CAMPOREAL.

Toute fille de joie en séchant devient prude.

UBILLA.

Je le crois homme probe.

LE COMTE DE CAMPOREAL, riant.

Oh! candide Ubilla!
Qui se laisse éblouir à ces probités-là!

D'un ton significatif.

La maison de la reine, ordinaire et civile,

Appuyant sur les chiffres.

Coûte par an six cent soixante-quatre mille
Soixante-six ducats! — c'est un pactole obscur
Où, certe, on doit jeter le filet à coup sûr.
Eau trouble, pêche claire.

LE MARQUIS DE PRIEGO, survenant.

Ah çà, ne vous déplaise,

Je vous trouve imprudens et parlant fort à l'aise.
Feu mon grand père, auprès du comte-duc nourri,
Disait : Mordez le roi, baisez le favori. —
Messieurs, occupons-nous des affaires publiques.

Tous s'asseyent autour de la table; les uns prennent des plumes, les autres feuillettent des papiers. Du reste, oisiveté générale. Moment de silence.

MONTAZGO, bas à Ubilla.

Je vous ai demandé sur la caisse aux reliques
De quoi payer l'emploi d'alcade à mon neveu.

UBILLA, bas.

Vous, vous m'aviez promis de nommer avant peu
Mon cousin Melchior d'Elva bailli de l'Ebre.

MONTAZGO, se récriant.

Nous venons de doter votre fille. On célèbre
Encor sa noce. — On est sans relâche assailli...

UBILLA, bas.

Vous aurez votre alcade.

MONTAZGO, bas.

Et vous votre bailli.

Ils se serrent la main.

COVADENGA, se levant.

Messieurs les conseillers de Castille, il importe,
Afin qu'aucun de nous de sa sphère ne sorte,
De bien régler nos droits et de faire nos parts.
Le revenu d'Espagne en cent mains est épars.
C'est un malheur public, il y faut mettre un terme.
Les uns n'ont pas assez, les autres trop. La ferme
Du tabac est à vous, Ubilla. L'indigo
Et le musc sont à vous, marquis de Priego.
Camporeal perçoit l'impôt des huit mille hommes,
L'almojarifazgo, le sel, mille autres sommes,
Le quint du cent de l'or, de l'ambre et du jayet.

A Montazgo.

Vous qui me regardez de cet œil inquiet,
Vous avez à vous seul, grâce à votre manège,
L'impôt sur l'arsenic et le droit sur la neige;
Vous avez les ports secs, les cartes, le laiton,
L'amende des bourgeois qu'on punit du bâton,
La dîme de la mer, le plomb, le bois de rose!... —
Moi, je n'ai rien, messieurs. Rendez-moi quelque chose

LE COMTE DE CAMPOREAL, éclatant de rire.

Oh! le vieux diable! il prend les profits les plus clairs.
Excepté l'Inde, il a les îles des deux mers.
Quelle envergure! Il tient Mayorque d'une griffe
Et de l'autre il s'accroche au pic de Ténériffe!

COVADENGA, s'échauffant.

Moi, je n'ai rien!

LE MARQUIS DE PRIEGO, riant.

Il a les nègres!

Tous se lèvent et parlent à la fois, se querellant.

MONTAZGO.

Je devrais
Me plaindre bien plutôt. Il me faut les forêts!

COVADENGA, au marquis de Priego.

Donnez-moi l'arsenic, je vous cède les nègres.

Depuis quelques instans, Ruy Blas est entré par la porte du fond et assiste à la scène sans être vu des interlocuteurs. Il est vêtu de velours noir, avec un manteau de velours écarlate; il a la plume blanche au chapeau et la Toison-d'Or au cou. Il les écoute d'abord en silence, puis, tout-à-coup, il s'avance à pas lents et paraît au milieu d'eux au plus fort de la querelle.

SCÈNE DEUXIÈME.

LES MÊMES, RUY BLAS.

RUY BLAS, survenant.

Bon appétit ! messieurs ! —

Tous se retournent. Silence de surprise et d'inquiétude. Ruy Blas se couvre, croise les bras, et poursuit en les regardant en face.

O ministres intègres !
Conseillers vertueux ! voilà votre façon
De servir, serviteurs qui pillez la maison !
Donc vous n'avez pas honte et vous choisissez l'heure,
L'heure sombre où l'Espagne agonisante pleure !
Donc vous n'avez ici pas d'autres intérêts
Que d'emplir votre poche et vous enfuir après !
Soyez flétris, devant votre pays qui tombe,
Fossoyeurs qui venez le voler dans sa tombe !
— Mais voyez, regardez, ayez quelque pudeur.
L'Espagne et sa vertu, l'Espagne et sa grandeur,
Tout s'en va. — Nous avons, depuis Philippe-Quatre,
Perdu le Portugal, le Brésil, sans combattre;
En Alsace Brisach, Steinfort en Luxembourg;
Et toute la Comté jusqu'au dernier faubourg;
Le Roussillon, Ormuz, Goa, cinq mille lieues
De côte, et Fernambouc, et les Montagnes-Bleues !
Mais voyez. — Du ponant jusques à l'orient,
L'Europe, qui vous hait, vous regarde en riant.
Comme si votre roi n'était plus qu'un fantôme,
La Hollande et l'Anglais partagent ce royaume;
Rome vous trompe; il faut ne risquer qu'à demi
Une armée en Piémont, quoique pays ami;
La Savoie et son duc sont pleins de précipices;

La France, pour vous prendre, attend des jours propices;
L'Autriche aussi vous guette. — Et l'infant bavarois
Se meurt, vous le savez. — Quant à vos vice-rois,
Médina, fou d'amour, emplit Naples d'esclandres,
Vaudémont vend Milan, Legañez perd les Flandres,
Quel remède à cela? — L'état est indigent;
L'état est épuisé de troupes et d'argent;
Nous avons sur la mer, où Dieu met ses colères,
Perdu trois cents vaisseaux, sans compter les galères!
Et vous osez!... — Messieurs, en vingt ans, songez-y,
Le peuple, — j'en ai fait le compte, et c'est ainsi! —
Portant sa charge énorme et sous laquelle il ploie,
Pour vous, pour vos plaisirs, pour vos filles de joie,
Le peuple misérable, et qu'on pressure encor,
A sué quatre cent trente millions d'or!
Et ce n'est pas assez! et vous voulez, mes maîtres!... —
Ah! j'ai honte pour vous! — Au-dedans, routiers, reîtres,
Vont battant le pays et brûlant la moisson.
L'escopette est braquée au coin de tout buisson.
Comme si c'était peu de la guerre des princes,
Guerre entre les couvens, guerre entre les provinces,
Tous voulant dévorer leur voisin éperdu,
Morsures d'affamés sur un vaisseau perdu!
Notre église en ruine est pleine de couleuvres;
L'herbe y croît. Quant aux grands, des aïeux, mais pas d'œuvres.
Tout se fait par intrigue et rien par loyauté.
L'Espagne est un égoût où vient l'impureté
De toute nation. — Tout seigneur à ses gages
A cent coupe-jarrets qui parlent cent langages.
Gênois, Sardes, Flamands. Babel est dans Madrid.
L'alguazil, dur au pauvre, au riche s'attendrit.
La nuit, on assassine et chacun crie: à l'aide!
— Hier on m'a volé, moi, près du pont de Tolède! —

La moitié de Madrid pille l'autre moitié.
Tous les juges vendus ; pas un soldat payé.
Anciens vainqueurs du monde, Espagnols que nous sommes,
Quelle armée avons-nous? A peine six mille hommes,
Qui vont pieds-nus. Des gueux, des juifs, des montagnards,
S'habillant d'une loque et s'armant de poignards.
Aussi d'un régiment toute bande se double.
Sitôt que la nuit tombe, il est une heure trouble
Où le soldat douteux se transforme en larron.
Matalobos a plus de troupes qu'un baron.
Un voleur fait chez lui la guerpe au roi d'Espagne.
Hélas ! les paysans qui sont dans la campagne
Insultent en passant la voiture du roi ;
Et lui, votre seigneur, plein de deuil et d'effroi,
Seul, dans l'Escurial, avec les morts qu'il foule,
Courbe son front pensif sur qui l'empire croule !
— Voilà ! — L'Europe, hélas ! écrase du talon
Ce pays qui fut pourpre et n'est plus que haillon !
L'État s'est ruiné dans ce siècle funeste,
Et vous vous disputez à qui prendra le reste !
Ce grand peuple espagnol aux membres énervés,
Qui s'est couché dans l'ombre et sur qui vous vivez,
Expire dans cet antre où son sort se termine,
Triste comme un lion mangé par la vermine !
—Charles-Quint ! dans ces temps d'opprobre et de terreur,
Que fais-tu dans ta tombe, ô puissant empereur?
Oh ! lève-toi ! viens voir ! —Les bons font place aux pires.
Ce royaume effrayant, fait d'un amas d'empires,
Penche... Il nous faut ton bras ! au secours, Charles-Quint !
Car l'Espagne se meurt ! car l'Espagne s'éteint !
Ton globe, qui brillait dans ta droite profonde,
Soleil éblouissant, qui faisait croire au monde
Que le jour désormais se levait à Madrid,

Maintenant, astre mort, dont l'ombre s'amoindrit,
Lune aux trois-quarts rongée et qui décroît encore,
Et que d'un autre peuple effacera l'aurore !
Hélas ! ton héritage est en proie aux vendeurs.
Tes rayons, ils en font des piastres ! Tes splendeurs,
On les souille ! — O géant ! se peut-il que tu dormes ? —
On vend ton sceptre au poids ! un tas de nains difformes
Se taillent des pourpoints dans ton manteau de roi ;
Et l'aigle impérial qui, jadis, sous ta loi,
Couvrait le monde entier de tonnerre et de flamme,
Cuit, pauvre oiseau plumé, dans leur marmite infâme !

Les conseillers se taisent consternés. Seuls, le marquis de Priego et le comte de Camporeal redressent la tête et regardent Ruy Blas avec colère. Puis Camporeal, après avoir parlé à Priego, va à la table, écrit quelques mots sur un papier, les signe et les fait signer au marquis.

LE COMTE DE CAMPOREAL, désignant le marquis de Priego et remettant le papier à Ruy Blas.

Monsieur le duc, — au nom de tous les deux, — voici
Notre démission de notre emploi.

RUY BLAS, prenant le papier, froidement.

Merci.

Vous vous retirerez, avec votre famille,

A Priego.

Vous, en Andalousie, —

A Camporeal.

Et vous, comte, en Castille.
Chacun dans vos états. Soyez partis demain.

Les deux seigneurs s'inclinent et sortent fièrement le chapeau sur la tête. Ruy Blas se tourne vers les autres conseillers.

Quiconque ne veut pas marcher dans mon chemin
Peut suivre ces messieurs.

Silence dans les assistans. Ruy Blas s'assied à la table sur une chaise à dossier placée à droite du fauteuil royal, et s'occupe à décacheter une correspondance. Pendant qu'il parcourt les lettres l'une après l'autre, Covadenga, Arias et Ubilla échangent quelques paroles à voix basse.

UBILLA, à Covadenga, montrant Ruy Blas.

Fils, nous avons un maître.
Cet homme sera grand.

DON MANUEL ARIAS.

Oui, s'il a le temps d'être.

COVADENGA.

Et s'il ne se perd pas à tout voir de trop près.

UBILLA.

Il sera Richelieu !

DON MANUEL ARIAS.

S'il n'est Olivarez !

RUY BLAS, après avoir parcouru vivement une lettre qu'il vient d'ouvrir.

Un complot ! qu'est ceci ? messieurs, que vous disais-je ?

Lisant.

— ... « Duc d'Olmedo, veillez. Il se prépare un piège
« Pour enlever quelqu'un de très-grand de Madrid. »

Examinant la lettre.

— On ne nomme pas qui. Je veillerai. — L'écrit
Est anonyme. —

Entre un huissier de cour qui s'approche de Ruy Blas avec une profonde révérence.

Allons ! qu'est-ce ?

L'HUISSIER.

A votre excellence
J'annonce monseigneur l'ambassadeur de France.

RUY BLAS.

Ah ! d'Harcourt ! Je ne puis à présent.

L'HUISSIER, s'inclinant.

Monseigneur,
Le nonce impérial dans la chambre d'honneur
Attend votre excellence.

RUY BLAS.

A cette heure? impossible.

L'huissier s'incline et sort. Depuis quelques instans, un page est entré, vêtu d'une livrée couleur de feu à galons d'argent, et s'est approché de Ruy Blas.

RUY BLAS, l'apercevant.

Mon page! je ne suis pour personne visible.

LE PAGE, bas.

Le comte Guritan, qui revient de Neubourg...

RUY BLAS, avec un geste de surprise.

Ah! — Page, enseigne-lui ma maison du faubourg.
Qu'il m'y vienne trouver demain, si bon lui semble.
Va.

Le page sort. Aux conseillers.

Nous aurons tantôt à travailler ensemble.
Dans deux heures. Messieurs, revenez.

Tous sortent en saluant profondément Ruy Blas.

Ruy Blas, resté seul, fait quelques pas en proie à une rêverie profonde. Tout-à-coup, à l'angle du salon, la tapisserie s'écarte et la reine apparait. Elle est vêtue de blanc avec la couronne en tête; elle parait rayonnante de joie et fixe sur Ruy Blas un regard d'admiration et de respect. Elle soutient d'un bras la tapisserie derrière laquelle on entrevoit une sorte de cabinet obscur où l'on distingue une petite porte. Ruy Blas, en se retournant, aperçoit la reine et reste comme pétrifié devant cette apparition.

SCÈNE TROISIÈME.

RUY BLAS, LA REINE.

LA REINE, du fond du théâtre.

Oh! merci!

RUY BLAS.

Ciel!

LA REINE.

Vous avez bien fait de leur parler ainsi.

Je n'y puis résister, duc, il faut que je serre
Cette loyale main si ferme et si sincère !

Elle marche vivement à lui et lui prend la main qu'elle presse avant qu'il ait pu s'en défendre.

RUY BLAS.

A part.

La fuir depuis six mois et la voir tout-à-coup.

Haut.

Vous étiez là, madame ?...

LA REINE.

Oui, duc, j'entendais tout.
J'étais là. J'écoutais avec toute mon âme !

RUY BLAS, montrant la cachette.

Je ne soupçonnais pas... — Ce cabinet madame...

LA REINE.

Personne ne le sait. C'est un réduit obscur
Que don Philippe trois fit creuser dans ce mur,
D'où le maître invisible entend tout comme une ombre.
Là j'ai vu bien souvent Charles deux, morne et sombre,
Assister aux conseils où l'on pillait son bien,
Où l'on vendait l'État.

RUY BLAS.

Et que disait-il ?

LA REINE.

Rien.

RUY BLAS.

Rien ? — Et que faisait-il ?

LA REINE.

Il allait à la chasse.
Mais vous ! j'entends encor votre accent qui menace.
Comme vous les traitiez d'une haute façon,
Et comme vous aviez superbement raison !
Je soulevais le bord de la tapisserie,
Je vous voyais. Votre œil, irrité sans furie,

Les foudroyait d'éclairs, et vous leur disiez tout.
Vous me sembliez seul être resté debout!
Mais où donc avez-vous appris toutes ces choses?
D'où vient que vous savez les effets et les causes?
Vous n'ignorez donc rien? D'où vient que votre voix
Parlait comme devrait parler celle des rois?
Pourquoi donc étiez-vous, comme eût été Dieu même,
Si terrible et si grand?

RUY BLAS.

Parce que je vous aime!
Parce que je sens bien, moi qu'ils haïssent tous,
Que ce qu'ils font crouler s'écroulera sur vous!
Parce que rien n'effraie une ardeur si profonde,
Et que pour vous sauver je sauverais le monde!
Je suis un malheureux qui vous aime d'amour.
Hélas! je pense à vous comme l'aveugle au jour.
Madame, écoutez-moi. J'ai des rêves sans nombre.
Je vous aime de loin, d'en bas, du fond de l'ombre;
Je n'oserais toucher le bout de votre doigt,
Et vous m'éblouissez comme un ange qu'on voit!
— Vraiment, j'ai bien souffert. Si vous saviez, madame!
Je vous parle à présent. Six mois, cachant ma flamme,
J'ai fui. Je vous fuyais et je souffrais beaucoup.
Je ne m'occupe pas de ces hommes du tout,
Je vous aime. — O mon Dieu, j'ose le dire en face
A votre majesté. Que faut-il que je fasse?
Si vous disiez : meurs! je mourrais. J'ai l'effroi
Dans le cœur. Pardonnez!

LA REINE.

Oh! parle! ravis-moi!
Jamais on ne m'a dit ces choses-là. J'écoute!
Ton âme en me parlant me bouleverse toute.
J'ai besoin de tes yeux, j'ai besoin de ta voix.

Oh ! c'est moi qui souffrais ! Si tu savais ! cent fois,
Cent fois, depuis six mois que ton regard m'évite....
— Mais non, je ne dois pas dire cela si vite.
Je suis bien malheureuse. Oh ! je me tais, j'ai peur !

RUY BLAS, qui l'écoute avec ravissement.

Oh ! madame ! achevez ! vous m'emplissez le cœur !

LA REINE.

Eh bien, écoute-donc !

Levant les yeux au ciel.

— Oui, je vais tout lui dire.
Est-ce un crime ? Tant pis. Quand le cœur se déchire,
Il faut bien laisser voir tout ce qu'on y cachait. —
Tu fuis la reine ? Eh bien, la reine te cherchait !
Tous les jours je viens là ! — là, dans cette retraite, —
T'écoutant, recueillant ce que tu dis, muette,
Contemplant ton esprit qui veut, juge et résout,
Et prise par ta voix qui m'intéresse à tout.
Va, tu me sembles bien le vrai roi, le vrai maître.
C'est moi, depuis six mois, tu t'en doutes peut-être,
Qui t'ai fait, par degrés, monter jusqu'au sommet.
Où Dieu t'aurait dû mettre une femme te met.
Oui, tout ce qui me touche a tes soins. Je t'admire.
Autrefois une fleur, à présent un empire !
D'abord je t'ai vu bon, et puis je te vois grand.
Mon Dieu ! c'est à cela qu'une femme se prend !
Mon Dieu ! si je fais mal, pourquoi, dans cette tombe,
M'enfermer, comme on met en cage une colombe,
Sans espoir, sans amour, sans un rayon doré ?
— Un jour que nous aurons le temps, je te dirai
Tout ce que j'ai souffert. — Toujours seule, oubliée.
Et puis, à chaque instant, je suis humiliée.
Tiens, juge : hier encor... — Ma chambre me déplaît.
— Tu dois savoir cela, toi qui sais tout, il est

Des chambres où l'on est plus triste que dans d'autres ; —
J'en ai voulu changer. Vois quels fers sont les nôtres !
On ne l'a pas voulu. Je suis esclave ainsi ! —
Duc, il faut, — dans ce but le ciel t'envoie ici, —
Sauver l'État qui tremble, et retirer du gouffre
Le peuple qui travaille, et m'aimer, moi qui souffre.
Je te dis tout cela, sans suite, à ma façon,
Mais tu dois cependant voir que j'ai bien raison.

RUY BLAS, tombant à genoux.

Madame....

LA REINE, gravement.

Don César, je vous donne mon âme.
Reine pour tous, pour vous je ne suis qu'une femme.
Par l'amour, par le cœur, duc, je vous appartien.
J'ai foi dans votre honneur pour respecter le mien.
Quand vous m'appellerez, je viendrai. Je suis prête.
— O César ! un esprit sublime est dans ta tête.
Sois fier, car le génie est ta couronne à toi !

Elle baise Ruy Blas au front.

Adieu.

Elle soulève la tapisserie et disparaît.

SCÈNE QUATRIÈME.

RUY BLAS, seul.

Il est comme absorbé dans une contemplation angélique.

Devant mes yeux c'est le ciel que je voi !
De ma vie, ô mon Dieu ! cette heure est la première.
Devant moi tout un monde, un monde de lumière,
Comme ces paradis qu'en songe nous voyons,
S'entr'ouvre en m'inondant de vie et de rayons !
Partout, en moi, hors moi, joie, extase et mystère,

Et l'ivresse, et l'orgueil, et ce qui sur la terre
Se rapproche le plus de la divinité,
L'amour dans la puissance et dans la majesté!
La reine m'aime! ô Dieu! c'est bien vrai, c'est moi-même.
Je suis plus que le roi puisque la reine m'aime!
Oh! cela m'éblouit. Heureux, aimé, vainqueur!
Duc d'Olmedo, — l'Espagne à mes pieds, — j'ai son cœur!
Cet ange qu'à genoux je contemple et je nomme,
D'un mot me transfigure et me fait plus qu'un homme.
Donc je marche vivant dans mon rêve étoilé!
Oh! oui, j'en suis bien sûr, elle m'a bien parlé.
C'est bien elle. Elle avait un petit diadème
En dentelle d'argent. Et je regardais même,
Pendant qu'elle parlait, — je crois la voir encor, —
Un aigle ciselé sur son bracelet d'or.
Elle se fie à moi, m'a-t-elle dit. — Pauvre ange!
Oh! s'il est vrai que Dieu, par un prodige étrange,
En nous donnant l'amour, voulut mêler en nous
Ce qui fait l'homme grand à ce qui le fait doux,
Moi, qui ne crains plus rien maintenant qu'elle m'aime,
Moi, qui suis tout puissant, grâce à son choix suprême,
Moi, dont le cœur gonflé ferait envie aux rois,
Devant Dieu qui m'entend, sans peur, à haute voix,
Je le dis, vous pouvez vous confier, madame,
A mon bras comme reine, à mon cœur comme femme!
Le dévoûment se cache au fond de mon amour
Pur et loyal! — Allez, ne craignez rien! —

Depuis quelques instans, un homme est entré par la porte du fond, enveloppé d'un grand manteau, coiffé d'un chapeau galonné d'argent. Il s'est avancé lentement vers Ruy Blas sans être vu, et, au moment où Ruy Blas, ivre d'extase et de bonheur, lève les yeux au ciel, cet homme lui pose brusquement la main sur l'épaule. Ruy Blas se retourne comme réveillé subitement; l'homme laisse tomber son manteau, et Ruy Blas reconnaît don Salluste. Don Salluste est vêtu d'une livrée couleur de feu à galons d'argent, pareille à celle du page de Ruy Blas.

SCÈNE CINQUIÈME.

RUY BLAS, DON SALLUSTE.

DON SALLUSTE, posant sa main sur l'épaule de Ruy Blas.

Bonjour.

RUY BLAS, effaré.

A part.

Grand Dieu! je suis perdu! le marquis!

DON SALLUSTE, souriant.

Je parie
Que vous ne pensiez pas à moi.

RUY BLAS.

Sa seigneurie
En effet me surprend.

A part.

Oh! mon malheur renaît.
J'étais tourné vers l'ange et le démon venait.

Il court à la tapisserie qui cache le cabinet secret, et en ferme la petite porte au verrou; puis il revient tout tremblant vers don Salluste.

DON SALLUSTE.

Eh bien! comment cela va-t-il?

RUY BLAS, l'œil fixé sur don Salluste impassible, pouvant à peine rassembler ses idées.

Cette livrée?...

DON SALLUSTE, souriant toujours.

Il fallait du palais me procurer l'entrée.
Avec cet habit-là l'on arrive partout.
J'ai pris votre livrée et la trouve à mon goût.

Il se couvre. Ruy Blas reste tête nue.

RUY BLAS.

Mais j'ai peur pour vous...

DON SALLUSTE.

Peur! Quel est ce mot risible?

RUY BLAS.

Vous êtes exilé?

DON SALLUSTE.

Croyez-vous? c'est possible.

RUY BLAS.

Si l'on vous reconnaît, au palais, en plein jour?

DON SALLUSTE.

Ah bah! des gens heureux, qui sont des gens de cour,
Iraient perdre leur temps, ce temps qui sitôt passe,
A se ressouvenir d'un visage en disgrâce!
D'ailleurs, regarde-t-on le profil d'un valet?

Il s'assied dans un fauteuil, et Ruy Blas reste debout.

A propos, que dit-on à Madrid, s'il vous plaît?
Est-il vrai que, brûlant d'un zèle hyperbolique,
Ici, pour les beaux yeux de la caisse publique,
Vous exilez ce cher Priego, l'un des grands?
Vous avez oublié que vous êtes parens.
Sa mère est Sandoval, la vôtre aussi. Que diable!
Sandoval porte d'or à la bande de sable.
Regardez vos blasons, don César. C'est fort clair.
Cela ne se fait pas entre parens, mon cher.
Les loups pour nuire aux loups font-ils les bons apôtres?
Ouvrez les yeux pour vous, fermez-les pour les autres.
Chacun pour soi.

RUY BLAS, *se rassurant un peu.*

Pourtant, monsieur, permettez-moi.
Monsieur de Priego, comme noble du roi,
A grand tort d'aggraver les charges de l'Espagne.
Or, il va falloir mettre une armée en campagne;
Nous n'avons pas d'argent, et pourtant il le faut.
L'héritier bavarois penche à mourir bientôt.

Hier, le comte d'Harrach, que vous devez connaître,
Me le disait au nom de l'empereur son maître.
Si monsieur l'archiduc veut soutenir son droit,
La guerre éclatera...

DON SALLUSTE.

L'air me semble un peu froid.
Faites-moi le plaisir de fermer la croisée.

Ruy Blas, pâle de honte et de désespoir, hésite un moment; puis il fait un effort et se dirige lentement vers la fenêtre, la ferme, et revient vers don Salluste, qui, assis dans le fauteuil, le suit des yeux d'un air indifférent.

RUY BLAS, reprenant et essayant de convaincre don Salluste.

Daignez voir à quel point la guerre est malaisée.
Que faire sans argent? Excellence, écoutez.
Le salut de l'Espagne est dans nos probités.
Pour moi, j'ai, comme si notre armée était prête,
Fait dire à l'empereur que je lui tiendrais tête...

DON SALLUSTE, interrompant Ruy Blas et lui montrant son mouchoir, qu'il a laissé tomber en entrant.

Pardon! ramassez-moi mon mouchoir.

Ruy Blas, comme à la torture, hésite encore, puis se baisse, ramasse le mouchoir, et le présente à don Salluste.

DON SALLUSTE, mettant le mouchoir dans sa poche.

— Vous disiez?...

RUY BLAS, avec un effort.

Le salut de l'Espagne! — oui, l'Espagne à nos pieds,
Et l'intérêt public demandent qu'on s'oublie.
Ah! toute nation bénit qui la délie.
Sauvons ce peuple! Osons être grands, et frappons!
Otons l'ombre à l'intrigue et le masque aux fripons!

DON SALLUSTE, nonchalamment.

Et d'abord ce n'est pas de bonne compagnie. —
Cela sent son pédant et son petit génie
Que de faire sur tout un bruit démesuré.

Un méchant million, plus ou moins dévoré,
Voilà-t-il pas de quoi pousser des cris sinistres!
Mon cher, les grands seigneurs ne sont pas de vos cuistres.
Ils vivent largement. Je parle sans phébus.
Le bel air que celui d'un redresseur d'abus
Toujours bouffi d'orgueil et rouge de colère!
Mais bah! vous voulez être un gaillard populaire,
Adoré des bourgeois et des marchands d'esteufs.
C'est fort drôle. Ayez donc des caprices plus neufs.
Les intérêts publics? Songez d'abord aux vôtres.
Le salut de l'Espagne est un mot creux que d'autres
Feront sonner, mon cher, tout aussi bien que vous.
La popularité? c'est la gloire en gros sous.
Rôder, dogue aboyant, tout autour des gabelles?
Charmant métier! je sais des postures plus belles.
Vertu? foi? probité? c'est du clinquant déteint.
C'était usé déjà du temps de Charles-Quint.
Vous n'êtes pas un sot; faut-il qu'on vous guérisse
Du pathos? Vous tétiez encore votre nourrice,
Que nous autres déjà, nous avions sans pitié,
Gaîment, à coups d'épingle ou bien à coups de pié,
Crevant votre ballon au milieu des risées,
Fait sortir tout le vent de ces billevesées!

RUY BLAS.

Mais pourtant, monseigneur....

DON SALLUSTE, avec un sourire glacé.

Vous êtes étonnant.

Occupons-nous d'objets sérieux, maintenant.

D'un ton bref et impérieux.

— Vous m'attendrez demain toute la matinée,
Chez vous, dans la maison que je vous ai donnée.
La chose que je fais touche à l'événement.
Gardez pour nous servir les muets seulement.

Ayez dans le jardin, caché sous le feuillage,
Un carrosse attelé, tout prêt pour un voyage.
J'aurai soin des relais. Faites tout à mon gré.
—Il vous faut de l'argent. Je vous en enverrai. —

RUY BLAS.

Monsieur, j'obéirai. Je consens à tout faire.
Mais jurez-moi d'abord qu'en toute cette affaire
La Reine n'est pour rien.

DON SALLUSTE, qui jouait avec un couteau d'ivoire sur la table, se retourne à demi.

De quoi vous mêlez-vous ?

RUY BLAS, chancelant et le regardant avec épouvante.

Oh ! vous êtes un homme effrayant. Mes genoux
Tremblent... Vous m'entraînez vers un gouffre invisible.
Oh ! je sens que je suis dans une main terrible !
Vous avez des projets monstrueux. J'entrevoi
Quelque chose d'horrible... — Ayez pitié de moi.
Il faut que je vous dise, — hélas ! jugez vous-même ! —
Vous ne le saviez pas ! cette femme, je l'aime !

DON SALLUSTE, froidement.

Mais si. Je le savais.

RUY BLAS.

Vous le saviez !

DON SALLUSTE.

Pardieu !
Qu'est-ce que cela fait ?

RUY BLAS, s'appuyant au mur pour ne pas tomber, et comme se parlant à lui-même.

Donc il s'est fait un jeu,
Le lâche, d'essayer sur moi cette torture !
Mais c'est que ce serait une affreuse aventure !

Il lève les yeux au ciel.

Seigneur Dieu tout puissant, mon Dieu qui m'éprouvez,
Épargnez-moi, Seigneur !

DON SALLUSTE.

Ah ça, mais — vous rêvez !
Vraiment ! vous vous prenez au sérieux, mon maître.
C'est bouffon. Vers un but que seul je dois connaître,
But plus heureux pour vous que vous ne le pensez,
J'avance. Tenez-vous tranquille. Obéissez.
Je vous l'ai déjà dit et je vous le répète,
Je veux votre bonheur. Marchez, la chose est faite.
Puis, grand'chose après tout que des chagrins d'amour !
Nous passons tous par là. C'est l'affaire d'un jour.
Savez-vous qu'il s'agit du destin d'un empire ?
Qu'est le vôtre à côté ? Je veux bien tout vous dire,
Mais ayez le bon sens de comprendre aussi, vous.
Soyez de votre état. Je suis très-bon, très-doux,
Mais que diable ! un laquais, d'argile humble ou choisie,
N'est qu'un vase où je veux verser ma fantaisie.
De vous autres, mon cher, on fait tout ce qu'on veut.
Votre maître, selon le dessein qui l'émeut,
A son gré vous déguise, à son gré vous démasque.
Je vous ai fait seigneur. C'est un rôle fantasque,
— Pour l'instant. — Vous avez l'habillement complet.
Mais, ne l'oubliez pas, vous êtes mon valet.
Vous courtisez la reine ici par aventure,
Comme vous monteriez derrière ma voiture.
Soyez donc raisonnable.

RUY BLAS, qui l'a écouté avec égarement et comme ne pouvant en croire ses oreilles.

O mon Dieu ! — Dieu clément !
Dieu juste ! de quel crime est-ce le châtiment ?
Qu'est-ce donc que j'ai fait ? Vous êtes notre père,
Et vous ne voulez pas qu'un homme désespère !
Voilà donc où j'en suis ! — et volontairement,
Et sans tort de ma part, — pour voir, — uniquement

Pour voir agoniser une pauvre victime,
Monseigneur, vous m'avez plongé dans cet abîme.
Tordre un malheureux cœur plein d'amour et de foi,
Afin d'en exprimer la vengeance pour soi!

Se parlant à lui-même.

Car c'est une vengeance! oui, la chose est certaine!
Et je devine bien que c'est contre la reine!
Qu'est-ce que je vais faire? Aller lui dire tout?
Ciel! devenir pour elle un objet de dégoût
Et d'horreur! un Crispin! un fourbe à double face!
Un effronté coquin qu'on bâtonne et qu'on chasse!
Jamais! — Je deviens fou, ma raison se confond!

Une pause. Il rêve.

O mon Dieu! voilà donc les choses qui se font!
Bâtir une machine effroyable dans l'ombre,
L'armer hideusement de rouages sans nombre,
Puis, sous la meule, afin de voir comment elle est,
Jeter une livrée, une chose, un valet,
Puis la faire mouvoir, et soudain sous la roue
Voir sortir des lambeaux teints de sang et de boue,
Une tête brisée, un cœur tiède et fumant,
Et ne pas frissonner alors qu'en ce moment
On reconnaît, malgré le mot dont on le nomme,
Que ce laquais était l'enveloppe d'un homme!

Se tournant vers don Salluste.

Mais il est temps encore! oh! monseigneur, vraiment!
L'horrible roue encor n'est pas en mouvement!

Il se jette à ses pieds.

Ayez pitié de moi! grâce! ayez pitié d'elle!
Vous savez que je suis un serviteur fidèle!
Vous l'avez dit souvent! voyez! je me soumets!
Grâce!

DON SALLUSTE.

Cet homme-là ne comprendra jamais.

C'est impatientant.

RUY BLAS, se traînant à ses pieds.

Grâce !

DON SALLUSTE.

Abrégeons, mon maître.

Il se tourne vers la fenêtre.

Gageons que vous avez mal fermé la fenêtre.
Il vient un froid par là !

Il va à la croisée et la ferme.

RUY BLAS, se relevant.

Oh ! c'est trop ! à présent
Je suis duc d'Olmedo, ministre tout-puissant !
Je relève le front sous le pied qui m'écrase.

DON SALLUSTE.

Comment dit-il cela ? Répétez-donc la phrase.
Ruy Blas, duc d'Olmedo ? Vos yeux ont un bandeau.
Ce n'est que sur Bazan qu'on a mis Olmedo.

RUY BLAS.

Je vous fais arrêter.

DON SALLUSTE.

Je dirai qui vous êtes.

RUY BLAS, exaspéré.

Mais....

DON SALLUSTE.

Vous m'accuserez ? J'ai risqué nos deux têtes.
C'est prévu. Vous prenez trop tôt l'air triomphant.

RUY BLAS.

Je nierai tout !

DON SALLUSTE.

Allons ! vous êtes un enfant.

RUY BLAS.

Vous n'avez pas de preuve !

DON SALLUSTE.

Et vous, pas de mémoire.

Je fais ce que je dis, et vous pouvez m'en croire.
Vous n'êtes que le gant, et moi je suis la main.

Bas et se rapprochant de Ruy Blas.

Si tu n'obéis pas, si tu n'es pas demain
Chez toi pour préparer ce qu'il faut que je fasse,
Si tu dis un seul mot de tout ce qui se passe,
Si tes yeux, si ton geste en laissent rien percer,
Celle pour qui tu crains, d'abord, pour commencer,
Par ta folle aventure, en cent lieux répandue,
Sera publiquement diffamée et perdue.
Puis, elle recevra, ceci n'a rien d'obscur,
Sous cachet, un papier, que je garde en lieu sûr,
Écrit, te souvient-il avec quelle écriture?
Signé, tu dois savoir de quelle signature?
Voici ce que ses yeux y liront : « — Moi Ruy Blas,
« Laquais de monseigneur le marquis de Finlas,
« En toute occasion, ou secrète, ou publique,
« M'engage à le servir comme un bon domestique. »

RUY BLAS, brisé et d'une voix éteinte.

Il suffit. — Je ferai, monsieur, ce qu'il vous plaît.

La porte du fond s'ouvre. On voit rentrer les conseillers du conseil privé.

Don Salluste s'enveloppe vivement de son manteau.

DON SALLUSTE, bas.

On vient.

Il salue profondément Ruy Blas. Haut.

Monsieur le duc, je suis votre valet

Il sort.

FIN DU TROISIÈME ACTE.

ACTE QUATRIÈME.

DON CÉSAR.

PERSONNAGES.

RUY BLAS.
DON CÉSAR.
DON SALLUSTE.
DON GURITAN.
UN LAQUAIS.
UNE DUÈGNE.
UN PAGE.
UN ALCADE.
DES ALGUAZILS.
DEUX MUETS.

ACTE QUATRIÈME.

Une petite chambre somptueuse et sombre. Lambris et meubles de vieille forme et de vieille dorure. Murs couverts d'anciennes tentures de velours cramoisi, écrasé et miroitant par places et derrière le dos des fauteuils, avec de larges galons d'or qui le divisent en bandes verticales. Au fond, une porte à deux battans. A gauche, sur un pan coupé, une grande cheminée sculptée du temps de Philippe II, avec écusson de fer battu dans l'intérieur. Du côté opposé, sur un pan coupé, une petite porte basse donnant dans un cabinet obscur. Une seule fenêtre à gauche, placée très-haut et garnie de barreaux et d'un auvent inférieur comme les croisées des prisons. Sur le mur, quelques vieux portraits enfumés et à demi effacés. Coffre de garde-robe avec miroir de Venise. Grands fauteuils du temps de Philippe III. Une armoire très-ornée adossée au mur. Une table carrée avec ce qu'il faut pour écrire. Un petit guéridon de forme ronde à pieds dorés dans un coin. C'est le matin.

Au lever du rideau, Ruy Blas, vêtu de noir, sans manteau et sans la toison, vivement agité, se promène à grands pas dans la chambre. Au fond se tient son page, immobile et comme attendant ses ordres.

SCÈNE PREMIÈRE.

RUY BLAS, LE PAGE.

RUY BLAS, à part, et se parlant à lui-même.

Que faire? — Elle d'abord! elle avant tout! — rien qu'elle!
Dût-on voir sur un mur rejaillir ma cervelle,
Dût le gibet me prendre ou l'enfer me saisir!
Il faut que je la sauve! — oui! mais y réussir?

Comment faire? donner mon sang, mon cœur, mon âme,
Ce n'est rien, c'est aisé. Mais rompre cette trame!
Deviner... — deviner! car il faut deviner! —
Ce que cet homme a pu construire et combiner!
Il sort soudain de l'ombre et puis il s'y replonge,
Et là, seul dans sa nuit, que fait-il? — Quand j'y songe,
Dans le premier moment je l'ai prié pour moi!
Je suis un lâche, et puis c'est stupide! — eh bien quoi!
C'est un homme méchant. — Mais que je m'imagine
— La chose a sans nul doute une ancienne origine, —
Que lorsqu'il tient sa proie et la mâche à moitié,
Ce démon va lâcher la reine, par pitié
Pour son valet! Peut-on fléchir les bêtes fauves?
— Mais, misérable, il faut pourtant que tu la sauves!
C'est toi qui l'as perdue! à tout prix! il le faut!
— C'est fini. Me voilà retombé! De si haut!
Si bas! j'ai donc rêvé! — Ho! je veux qu'elle échappe!
Mais lui! par quelle porte, ô Dieu, par quelle trappe,
Par où va-t-il venir, l'homme de trahison?
Dans ma vie et dans moi, comme en cette maison,
Il est maître. Il en peut arracher les dorures.
Il a toutes les clefs de toutes les serrures.
Il peut entrer, sortir, dans l'ombre s'approcher,
Et marcher sur mon cœur comme sur ce plancher.
— Oui, c'est que je rêvais! le sort trouble nos têtes
Dans la rapidité des choses sitôt faites. —
Je suis fou. Je n'ai plus une idée en son lieu.
Ma raison, dont j'étais si vain, mon Dieu! mon Dieu
Prise en un tourbillon d'épouvante et de rage,
N'est plus qu'un pauvre jonc tordu par un orage!
Que faire? Pensons bien. D'abord empêchons-la
De sortir du palais. — Oh oui, le piége est là.
Sans doute. Autour de moi tout est nuit, tout est go

Je sens le piége, mais je ne vois pas. — Je souffre!
C'est dit. Empêchons-la de sortir du palais.
Faisons-la prévenir sûrement, sans délais. —
Par qui? — Je n'ai personne!

Il rêve avec accablement. Puis, tout-à-coup, comme frappé d'une idée subite et d'une lueur d'espoir, il relève la tête.

—Oui, don Guritan l'aime!
C'est un homme loyal! oui!

Faisant un signe au page de s'approcher. Bas.

— Page, à l'instant même;
Va chez don Guritan, et fais-lui de ma part
Mes excuses, et puis dis-lui que sans retard
Il aille chez la reine et qu'il la prie en grace,
En mon nom comme au sien, quoi qu'on dise ou qu'on fasse,
De ne point s'absenter du palais de trois jours.
Quoi qu'il puisse arriver. De ne point sortir. Cours!

Rappelant le page.

Ah!

Il tire de son garde-notes une feuille et un crayon.

Qu'il donne ce mot à la reine, et qu'il veille!

Il écrit rapidement sur son genou.

— « Croyez don Guritan, faites ce qu'il conseille! »

Il ploie le papier et le remet au page.

Quant à ce duel, dis-lui que j'ai tort, que je suis
A ses pieds, qu'il me plaigne et que j'ai des ennuis,
Qu'il porte chez la reine à l'instant mes suppliques,
Et que je lui ferai des excuses publiques.
Qu'elle est en grand péril. Qu'elle ne sorte point.
Quoi qu'il arrive. Au moins trois jours! — De point en point.
Fais tout. Va, soit discret, ne laisse rien paraître.

LE PAGE.

Je vous suis dévoué. Vous êtes un bon maître.

RUY BLAS.

Cours, mon bon petit page. As-tu bien tout compris?

LE PAGE.

Oui, monseigneur, soyez tranquille.

Il sort.

RUY BLAS, *resté seul, tombant sur un fauteuil.*

Mes esprits

Se calment. Cependant, comme dans la folie,
Je sens confusément des choses que j'oublie.
Oui, le moyen est sûr. Don Guritan...! — mais moi?
Faut-il attendre ici don Salluste? Pourquoi?
Non. Ne l'attendons pas. Cela le paralyse
Tout un grand jour. Allons prier dans quelque église.
Sortons. J'ai besoin d'aide, et Dieu m'inspirera!

Il prend son chapeau sur une crédence, et secoue une sonnette posée sur la table. Deux nègres, vêtus de velours vert-clair et de brocard d'or, jaquettes plissées à grandes basques, paraissent à la porte du fond.

Je sors. Dans un instant un homme ici viendra.
— Par une entrée à lui. — Dans la maison, peut-être,
Vous le verrez agir comme s'il était maître.
Laissez-le faire. Et si d'autres viennent...

Après avoir hésité un moment.

Ma foi,

Vous laisserez entrer! —

Il congédie du geste les noirs, qui s'inclinent en signe d'obéissance et qui sortent.

Allons?

Il sort.

Au moment où la porte se referme sur Ruy Blas, on entend un grand bruit dans la cheminée, par laquelle on voit tomber coup-à-coup un homme, enveloppé d'un manteau déguenillé, qui se précipite dans la chambre. C'est don César.

SCÈNE DEUXIÈME.

DON CÉSAR.

Effaré, essoufflé, décoiffé, étourdi, avec une expression joyeuse et inquiète en même temps.

Tant pis ! c'est moi ?

Il se relève en se frottant la jambe sur laquelle il est tombé, et s'avance dans la chambre avec force révérences et chapeau bas.

Pardon ! ne faites pas attention, je passe.
Vous parliez entre vous. Continuez, de grâce.
J'entre un peu brusquement, messieurs, j'en suis fâché !

Il s'arrête au milieu de la chambre et s'aperçoit qu'il est seul.

— Personne ! — Sur le toit tout-à-l'heure perché,
J'ai cru pourtant ouïr un bruit de voix. — Personne !

S'asseyant dans un fauteuil.

Fort bien. Recueillons-nous. La solitude est bonne.
— Ouf ! que d'événements ! — J'en suis émerveillé
Comme l'eau qu'il secoue aveugle un chien mouillé.
Primo, ces alguazils qui m'ont pris dans leurs serres ;
Puis cet embarquement absurde ; ces corsaires ;
Et cette grosse ville où l'on m'a tant battu ;
Et les tentations faites sur ma vertu
Par cette femme jaune ; et mon départ du bagne ;
Mes voyages ; enfin, mon retour en Espagne !
Puis, quel roman ! le jour où j'arrive, c'est fort,
Ces mêmes alguazils rencontrés tout d'abord !
Leur poursuite enragée et ma fuite éperdue ;
Je saute un mur ; j'avise une maison perdue
Dans les arbres, j'y cours ; personne ne me voit ;
Je grimpe alègrement du hangard sur le toit ;
Enfin, je m'introduis dans le sein des familles
Par une cheminée où je mets en guenilles

Mon manteau le plus neuf qui sur mes chausses pend !...
— Pardieu ! monsieur Salluste est un grand sacripant !

Se regardant dans une petite glace de Venise posée sur le grand coffre à tiroirs sculptés.

— Mon pourpoint m'a suivi dans mes malheurs. Il lutte !

Il ôte son manteau et mire dans la glace son pourpoint de satin rose usé, déchiré et rapiécé ; puis il porte vivement la main à sa jambe avec un coup-d'œil vers la cheminée.

Mais ma jambe a souffert diablement dans ma chute !

Il ouvre les tiroirs du coffre. Dans l'un d'entre eux, il trouve un manteau de velours vert-clair, brodé d'or, le manteau donné par don Salluste à Ruy Blas. Il examine le manteau et le compare au sien.

— Ce manteau me paraît plus décent que le mien.

Il jette le manteau vert sur ses épaules, et met le sien à la place dans le coffre après l'avoir soigneusement plié ; il y ajoute son chapeau qu'il enfonce sous le manteau d'un coup de poing, puis il referme le tiroir. Il se promène fièrement dans le beau manteau brodé d'or.

C'est égal, me voilà revenu. Tout va bien.
Ah ! mon très-cher cousin, vous voulez que j'émigre
Dans cette Afrique où l'homme est la souris du tigre !
Mais je vais me venger de vous, cousin damné,
Épouvantablement quand j'aurai déjeûné.
J'irai, sous mon vrai nom, chez vous, traînant ma queue
D'affreux vauriens sentant le gibet d'une lieue,
Et je vous livrerai vivant aux appétits
De tous mes créanciers — suivis de leurs petits.

Il aperçoit dans un coin une magnifique paire de bottines à canons de dentelles. Il jette lestement ses vieux souliers, et chausse sans façon les bottines neuves.

Voyons d'abord où m'ont jeté ses perfidies.

Après avoir examiné la chambre de tous les côtés.

Maison mystérieuse et propre aux tragédies.
Portes closes, volets barrés, un vrai cachot.
Dans ce charmant logis on entre par en haut,
Juste comme le vin entre dans les bouteilles.

Avec un soupir.

— C'est bien bon du bon vin ! —

Il aperçoit la petite porte à droite, l'ouvre, s'introduit vivement dans le cabinet avec lequel elle communique ; puis rentre avec des gestes d'étonnement,

Merveille des merveilles !

Cabinet sans issue où tout est clos aussi !

Il va à la porte du fond, l'entr'ouvre, et regarde au dehors ; puis il la laisse retomber et revient sur le devant du théâtre.

Personne ! — Où diable suis-je ? — Au fait, j'ai réussi

A fuir les alguazils. Que m'importe le reste ?

Vais-je pas m'effarer et prendre un air funeste

Pour n'avoir jamais vu de maison faite ainsi ?

Il se rassied sur le fauteuil, bâille, puis se relève presque aussitôt,

Ah çà ! mais — je m'ennuie horriblement ici.

Avisant une petite armoire dans le mur, à gauche, qui fait le coin du pan coupé.

Voyons, ceci m'a l'air d'une bibliothèque.

Il y va et l'ouvre. C'est un garde-manger bien garni.

Justement. — Un pâté, du vin, une pastèque.

C'est un encas complet. Six flacons bien rangés !

Diable ! sur ce logis j'avais des préjugés.

Examinant les flacons l'un après l'autre.

C'est d'un bon choix. — Allons ! l'armoire est honorable.

Il va chercher dans un coin la petite table ronde, l'apporte sur le devant du théâtre et la charge joyeusement de tout ce que contient le garde-manger, bouteilles, plats, etc. ; il ajoute un verre, une assiette, une fourchette, etc. — Puis il prend une des bouteilles.

Lisons d'abord ceci.

Il emplit le verre et boit d'un trait.

C'est une œuvre admirable

De ce fameux poëte appelé le soleil !

Xérès-des-Chevaliers n'a rien de plus vermeil.

Il s'assied, se verse un second verre et boit.

Quel livre vaut cela ? Trouvez-moi quelque chose

De plus spiritueux !

Il boit.

Ah Dieu, cela repose!

Mangeons.

Il entame le pâté.

Chiens d'alguazils! je les ai déroutés.

Ils ont perdu ma trace.

Il mange.

Oh! le roi des pâtés!

Quant au maître du lieu, s'il survient... —

Il va au buffet et en rapporte un verre et un couvert qu'il pose sur la table.

je l'invite.

— Pourvu qu'il n'aille pas me chasser! Mangeons vite.

Il met les morceaux doubles.

Mon dîner fait, j'irai visiter la maison.
Mais qui peut l'habiter? peut-être un bon garçon.
Ceci peut ne cacher qu'une intrigue de femme.
Bah! quel mal fais-je ici? qu'est-ce que je réclame?
Rien, — l'hospitalité de ce digne mortel,
A la manière antique,

Il s'agenouille à demi et entoure la table de ses bras.

En embrassant l'autel.

Il boit.

D'abord, ceci n'est point le vin d'un méchant homme,
Et puis, c'est convenu, si l'on vient, je me nomme.
Ah! vous endiablerez, mon vieux cousin maudit?
Quoi, ce bohémien! ce galeux? ce bandit?
Ce Zafari? ce gueux? ce va-nu-pied...? — Tout juste!
Don César de Bazan, cousin de don Salluste!
Oh la bonne surprise! et dans Madrid, quel bruit!
Quand est-il revenu? ce matin? cette nuit?
Quel tumulte partout en voyant cette bombe,
Ce grand nom oublié qui tout-à-coup retombe,
Don César de Bazan! oui, messieurs, s'il vous plaît.
Personne n'y pensait, personne n'en parlait.

Il n'était donc pas mort? il vit, messieurs, mesdames!
Les hommes diront : Diable!—Oui-dà, diront les femmes.
Doux bruit qui vous reçoit rentrant dans vos foyers,
Mêlé de l'aboiement de trois cents créanciers!
Quel beau rôle à jouer! — Hélas! l'argent me manque.

Bruit à la porte.

On vient! — Sans doute on va comme un vil saltimbanque
M'expulser. — C'est égal, ne fais rien à demi,
César!

Il s'enveloppe de son manteau jusqu'aux yeux. La porte du fond s'ouvre. Entre un laquais en livrée portant sur son dos une grosse sacoche.

SCÈNE TROISIÈME.

DON CÉSAR, UN LAQUAIS.

DON CÉSAR, toisant le laquais de la tête aux pieds.

Qui venez-vous chercher céans, l'ami?

A part.

Il faut beaucoup d'à-plomb, le péril est extrême.

LE LAQUAIS.

Don César de Bazan.

DON CÉSAR, dégageant son visage du manteau.

Don César! c'est moi-même!

A part.

Voilà du merveilleux!

LE LAQUAIS.

Vous êtes le seigneur
Don César de Bazan?

DON CÉSAR.

Pardieu! j'ai cet honneur.
César! le vrai César! le seul César! le comte
De Garo...

LE LAQUAIS, posant sur le fauteuil la sacoche.

Daignez voir si c'est là votre compte.

DON CÉSAR, comme ébloui.

A part.

De l'argent! c'est trop fort!

Haut.

Mon cher...

LE LAQUAIS.

Daignez compter.
C'est la somme que j'ai l'ordre de vous porter.

DON CÉSAR, gravement.

Ah! fort bien! je comprends.

A part.

Je veux bien que le diable...—
Çà, ne dérangeons pas cette histoire admirable.
Ceci vient fort à point.

Haut.

Vous faut-il des reçus?

LE LAQUAIS.

Non, monseigneur.

DON CÉSAR, lui montrant la table.

Mettez cet argent là-dessus.

Le laquais obéit.

De quelle part?

LE LAQUAIS.

Monsieur le sait bien.

DON CÉSAR.

Sans nul doute.
Mais...

LE LAQUAIS.

Cet argent, — voilà ce qu'il faut que j'ajoute, —
Vient de qui vous savez pour ce que vous savez.

DON CÉSAR, satisfait de l'explication.

Ah!

LE LAQUAIS.

Nous devons, tous deux, être fort réservés.
Chut !

DON CÉSAR.

Chut!!!—Cet argent vient...—la phrase est magnifique!
Redites-la moi donc.

LE LAQUAIS.

Cet argent...

DON CÉSAR.

Tout s'explique!
Me vient de qui je sais...

LE LAQUAIS.

Pour ce que vous savez.
Nous devons...

DON CÉSAR.

Tous les deux !!!

LE LAQUAIS.

Être fort réservés.

DON CÉSAR.

C'est parfaitement clair.

LE LAQUAIS

Moi j'obéis. Du reste
Je ne comprends pas.

DON CÉSAR.

Bah !

LE LAQUAIS.

Mais vous comprenez !

DON CÉSAR.

Peste !

LE LAQUAIS.

Il suffit.

DON CÉSAR.

Je comprends et je prends, mon très-cher.

De l'argent qu'on reçoit, d'abord, c'est toujours clair.

LE LAQUAIS.

Chut !

DON CÉSAR.

Chut !!! ne faisons pas d'indiscrétion. Diantre !

LE LAQUAIS.

Comptez, seigneur !

DON CÉSAR.

Pour qui me prends-tu?

Admirant la rondeur du sac posé sur la table.

Le beau ventre !

LE LAQUAIS, insistant.

Mais...

DON CÉSAR.

Je me fie à toi.

LE LAQUAIS.

L'or est en souverains.

Bons quadruples pesant sept gros trente-six grains,
Ou bons doublons au marc. L'argent, en croix-maries.

Don César ouvre la sacoche et en tire plusieurs sacs pleins d'or et d'argent qu'il ouvre et vide sur la table avec admiration; puis il se met à puiser à pleines poignées dans les sacs d'or, et remplit ses poches de quadruples et de doublons.

DON CÉSAR, s'interrompant avec majesté.

A part.

Voici que mon roman, couronnant ses féeries,
Meurt amoureusement sur un gros million.

Il se remet à remplir ses poches.

O délices! je mords à même un galion !

Une poche pleine, il passe à l'autre. Il se cherche des poches par tout, et semble avoir oublié le laquais.

LE LAQUAIS, qui le regarde avec impassibilité.

Et maintenant j'attends vos ordres.

DON CÉSAR, se retournant.

Pourquoi faire?

LE LAQUAIS.

Afin d'exécuter, vite et sans qu'on diffère,
Ce que je ne sais pas et ce que vous savez.
De très-grands intérêts...

DON CÉSAR, l'interrompant d'un air d'intelligence.

Oui, publics et privés!!!

LE LAQUAIS.

Veulent que tout cela se fasse à l'instant même.
Je dis ce qu'on m'a dit de dire.

DON CÉSAR, lui frappant sur l'épaule.

Et je t'en aime,
Fidèle serviteur!

LE LAQUAIS.

Pour ne rien retarder,
Mon maître à vous me donne afin de vous aider.

DON CÉSAR.

C'est agir congrument. Faisons ce qu'il désire.

A part.

Je veux être pendu si je sais que lui dire.

Haut.

Approche, galion, et d'abord —

Il remplit de vin l'autre verre.

Bois-moi ça!

LE LAQUAIS.

Quoi, seigneur!

DON CÉSAR.

Bois-moi ça!

Le laquais boit, don César lui remplit son verre.

Du vin d'Oropesa!

Il fait asseoir le laquais, le fait boire, et lui verse de nouveau vin.

Causons.

A part.

Il a déjà la prunelle allumée.

Haut et s'étendant sur sa chaise.

L'homme, mon cher ami, n'est que de la fumée.

Noire, et qui sort du feu des passions. Voilà.

Il lui verse à boire.

C'est bête comme tout ce que je te dis là.
Et d'abord la fumée, au ciel bleu ramenée,
Se comporte autrement dans une cheminée.
Elle monte gaîment, et nous dégringolons.

Il se frotte la jambe.

L'homme n'est qu'un plomb vil.

Il remplit les deux verres.

Buvons. Tous tes doublons
Ne valent pas le chant d'un ivrogne qui passe.

Se rapprochant d'un air mystérieux.

Vois-tu, soyons prudens. Trop chargé, l'essieu casse.
Le mur sans fondement s'écroule subitò.
Mon cher, raccroche-moi le col de mon manteau.

LE LAQUAIS, fièrement.

Seigneur, je ne suis pas valet de chambre.

Avant que don César ait pu l'en empêcher, il secoue la sonnette posée sur la table.

DON CÉSAR, à part, effrayé.

Il sonne!
Le maître va peut-être arriver en personne.
Je suis pris.

Entre un des noirs. Don César, en proie à la plus vive anxiété, se retourne du côté opposé comme ne sachant que devenir.

LE LAQUAIS, au nègre.

Remettez l'agrafe à monseigneur.

Le nègre s'approche gravement de don César, qui le regarde faire d'un air stupéfait; puis il rattache l'agrafe du manteau, salue et sort, laissant don César pétrifié.

DON CÉSAR, se levant de table.

A part.

Je suis chez Belzébuth, ma parole d'honneur!

Il vient sur le devant du théâtre et s'y promène à grands pas.

Ma foi, laissons-nous faire, et prenons ce qui s'offre.
Donc je vais remuer les écus à plein coffre.

J'ai de l'argent ! que vais-je en faire ?

Se retournant vers le laquais attablé, qui continue à boire et qui commence à chanceler sur sa chaise.

Attends, pardon !

Rêvant, à part.

Voyons, — si je payais mes créanciers ? — fi donc !
— Du moins, pour les calmer, âmes à s'aigrir promptes,
Si je les arrosais avec quelques à comptes ?
— A quoi bon arroser ces vilaines fleurs-là ?
Où diable mon esprit va-t-il chercher cela ?
Rien n'est tel que l'argent pour vous corrompre un homme,
Et, fût-il descendant d'Annibal qui prit Rome,
L'emplir jusqu'au goulot de sentimens bourgeois !
Que dirait-on ? me voir payer ce que je dois !
Ah !

LE LAQUAIS, vidant son verre.

Que m'ordonnez-vous ?

DON CÉSAR.

Laisse-moi, je médite.
Bois en m'attendant.

Le laquais se remet à boire. Lui continue de rêver, et tout-à-coup se frappe le front comme ayant trouvé une idée.

Oui !

Au laquais.

Lève-toi tout de suite.
Voici ce qu'il faut faire ! Emplis tes poches d'or.

Le laquais se lève en trébuchant, et emplit d'or les poches de son justaucorps. Don César l'y aide tout en continuant.

Dans la ruelle, au bout de la Place-Mayor,
Entre au numéro neuf. Une maison étroite.
Beau logis, si ce n'est que la fenêtre à droite
A sur le cristallin une taie en papier.

LE LAQUAIS.

Maison borgne ?

10

DON CÉSAR.

Non, louche. On peut s'estropier
En montant l'escalier. Prends-y garde.

LE LAQUAIS.

Une échelle?

DON CÉSAR.

A peu près. C'est plus roide. — En haut loge une belle
Facile à reconnaître, un bonnet de six sous
Avec de gros cheveux ébouriffés dessous,
Un peu courte, un peu rousse... — une femme charmante!
Sois très-respectueux, mon cher, c'est mon amante!
Lucinda, qui jadis, blonde à l'œil indigo,
Chez le pape, le soir, dansait le fandango.
Compte-lui cent ducats en mon nom. — Dans un bouge,
A côté, tu verras un gros diable au nez rouge,
Coiffé jusqu'aux sourcils d'un vieux feutre fané
Où pend tragiquement un plumeau consterné,
La rapière à l'échine et la loque à l'épaule.
— Donne de notre part six piastres à ce drôle. —
Plus loin, tu trouveras un trou noir comme un four,
Un cabaret qui chante au coin d'un carrefour.
Sur le seuil boit et fume un vivant qui le hante.
C'est un homme fort doux et de vie élégante,
Un seigneur dont jamais un juron ne tomba,
Et mon ami de cœur, nommé Goulatromba.
— Trente écus! — Et dis-lui, pour toutes patenôtres,
Qu'il les boive bien vite et qu'il en aura d'autres.
Donne à tous ces faquins ton argent le plus rond,
Et ne t'ébahis pas des yeux qu'ils ouvriront.

LE LAQUAIS.

Après?

DON CÉSAR.

Garde le reste. Et pour dernier chapitre...

LE LAQUAIS.

Qu'ordonne monseigneur?

DON CÉSAR.

Va te soûler, bélître!
Casse beaucoup de pots et fais beaucoup de bruit,
Et ne rentre chez toi que demain — dans la nuit.

LE LAQUAIS.

Suffit, mon prince.

Il se dirige vers la porte en faisant des zig-zags.

DON CÉSAR, *le regardant marcher,*

A part.

Il est effroyablement ivre!

Le rappelant. L'autre se rapproche.

Ah!... — Quand tu sortiras, les oisifs vont te suivre.
Fais par ta contenance honneur à la boisson.
Sache te comporter d'une noble façon.
S'il tombe par hasard des écus de tes chausses,
Laisse tomber; — et si des essayeurs de sauces,
Des clercs, des écoliers, des gueux qu'on voit passer,
Les ramassent, — mon cher, laisse-les ramasser.
Ne sois pas un mortel de trop farouche approche.
Si même ils en prenaient quelques-uns dans ta poche,
Sois indulgent. Ce sont des hommes comme nous.
Et puis il faut, vois-tu, c'est une loi pour tous,
Dans ce monde, rempli de sombres aventures,
Donner parfois un peu de joie aux créatures.

Avec mélancolie.

Tous ces gens-là seront peut-être un jour pendus!
Ayons donc les égards pour eux qui leur sont dus!
— Va-t'en.

Le laquais sort. Resté seul, don César se rassied, s'accoude sur la table, et paraît plongé dans de profondes réflexions.

C'est le devoir du chrétien et du sage,
Quand il a de l'argent, d'en faire un bon usage.

J'ai de quoi vivre au moins huit jours! Je les vivrai.
Et s'il me reste un peu d'argent, je l'emploîrai
A des fondations pieuses. Mais je n'ose
M'y fier, car on va me reprendre la chose.
C'est méprise sans doute, et ce mal-adressé
Aura mal entendu, j'aurai mal prononcé...

La porte du fond se rouvre. Entre une duègne; vieille, cheveux gris, basquine et mantille noires; éventail.

SCÈNE QUATRIÈME.

DON CÉSAR, UNE DUÈGNE.

LA DUÈGNE, sur le seuil de la porte.

Don César de Bazan!

Don César, absorbé dans ses méditations, relève brusquement la tête.

DON CÉSAR.

Pour le coup!

A part.

Oh! femelle!

Pendant que la duègne accomplit une profonde révérence au fond du théâtre, il vient stupéfait sur le devant de la scène.

Mais il faut que le diable ou Salluste s'en mêle?
Gageons que je vais voir arriver mon cousin.
Une duègne!

Haut.

C'est moi don César. — Quel dessein?...

A part.

D'ordinaire une vieille en annonce une jeune.

LA DUÈGNE (révérence avec un signe de croix).

Seigneur, je vous salue, aujourd'hui jour de jeûne,
En Jésus Dieu le fils sur qui rien ne prévaut.

DON CÉSAR, à part.

A galant dénoûment commencement dévot.

Haut.

Ainsi soit-il. Bonjour.

LA DUÈGNE.

Dieu vous maintienne en joie :

Mystérieusement.

Avez-vous à quelqu'un qui jusqu'à vous m'envoie,
Donné pour cette nuit un rendez-vous secret.

DON CÉSAR.

Mais j'en suis fort capable.

LA DUÈGNE.

Elle tire de son garde-infante un billet plié et le présente, mais sans le lui laisser prendre.

Ainsi, mon beau discret,
C'est bien vous qui venez, et pour cette nuit même,
D'adresser ce message à quelqu'un qui vous aime,
Et que vous savez bien ?

DON CÉSAR.

Ce doit être moi.

LA DUÈGNE.

Bon.
La dame, mariée à quelque vieux barbon,
A des ménagemens sans doute est obligée,
Et de me renseigner céans on m'a chargée.
Je ne la connais pas, mais vous la connaissez.
La soubrette m'a dit les choses. C'est assez.
Sans les noms.

DON CÉSAR.

Hors le mien.

LA DUÈGNE.

C'est tout simple. Une dame
Reçoit un rendez-vous de l'ami de son âme,
Mais on craint de tomber dans quelque piége ; mais
Trop de précautions ne gâtent rien jamais.
Bref ! ici l'on m'envoie avoir de votre bouche

La confirmation....

DON CÉSAR.

Oh ! la vieille farouche !

Vrai Dieu ! quelle broussaille autour d'un billet doux !

Oui, c'est moi, moi, te dis-je !

LA DUÈGNE.

Elle pose sur la table le billet plié, que don César examine avec curiosité.

En ce cas, si c'est vous,

Vous écrirez : *Venez*, au dos de cette lettre.

Mais pas de votre main, pour ne rien compromettre.

DON CÉSAR.

Peste ! au fait ! de ma main !

A part.

Message bien rempli !

Il tend la main pour prendre la lettre, mais elle est recachetée, la duègne ne la lui laisse pas toucher.

LA DUÈGNE.

N'ouvrez pas. Vous devez reconnaître le pli.

DON CÉSAR.

Pardieu !

A part.

Moi qui brûlais de voir !... jouons mon rôle !

Il agite la sonnette. Entre un des noirs.

Tu sais écrire ?

Le noir fait un signe de tête affirmatif. Étonnement de don César.

A part.

Un signe !

Haut.

Es-tu muet, mon drôle !

Le noir fait un nouveau signe d'affirmation. Nouvelle stupéfaction de don César.

A part.

Fort bien ! continuez ! des muets à présent !

Au muet, en lui montrant la lettre, que la vieille tient appliquée sur la table.

Écris-moi là : Venez.

Le muet écrit. Don César fait signe à la duègne de reprendre la lettre, et au muet de sortir.

A part.

Il est obéissant !

LA DUÈGNE, remettant le billet dans son garde-infante et se rapprochant de don César.

Vous la verrez ce soir. Est-elle bien jolie ?

DON CÉSAR.

Charmante !

LA DUÈGNE.

La suivante est d'abord accomplie.
Elle m'a pris à part au milieu du sermon.
Mais belle ! un profil d'ange avec l'œil d'un démon.
Puis aux choses d'amour elle paraît savante.

DON CÉSAR, à part.

Je me contenterais fort bien de la servante !

LA DUÈGNE.

Nous jugeons, car toujours le beau fait peur au laid,
La sultane à l'esclave et le maître au valet.
La vôtre est, à coup sûr, fort belle.

DON CÉSAR.

Je m'en flatte.

LA DUÈGNE, faisant une révérence pour se retirer.

Je vous baise la main.

DON CÉSAR, lui donnant une poignée de doublons.

Je te graisse la patte.
Tiens, vieille !

LA DUÈGNE, empochant.

La jeunesse est gaie aujourd'hui !

DON CÉSAR, la congédiant.

Va.

LA DUÈGNE, révérences.

Si vous aviez besoin.... J'ai nom dame Oliva.
Couvent San-Isidro. —

Elle sort; puis la porte se rouvre et l'on voit sa tête reparaître.

Toujours à droite assise
Au troisième pilier en entrant dans l'église.

Don César se retourne avec impatience. La porte retombe; puis elle se rouvre encore, et la vieille reparait.

Vous la verrez ce soir! monsieur, pensez à moi
Dans vos prières.

DON CÉSAR, la chassant avec colère.

Ah!

La duègne disparaît; la porte se referme.

DON CÉSAR, seul.

Je me résous, ma foi,
A ne plus m'étonner. J'habite dans la lune.
Me voici maintenant une bonne fortune;
Et je vais contenter mon cœur après ma faim.

Rêvant.

Tout cela me paraît bien beau. — Gare la fin.

La porte du fond se rouvre. Paraît don Guritan avec deux longues épées nues sous le bras.

SCÈNE CINQUIÈME.

DON CÉSAR, DON GURITAN.

DON GURITAN, du fond du théâtre.

Don César de Bazan!

DON CÉSAR.

Il se retourne et aperçoit don Guritan et les deux épées.

Enfin! à la bonne heure!
L'aventure était bonne, elle devient meilleure.
Bon dîner, de l'argent, un rendez-vous, — un duel!

Je redeviens César à l'état naturel.

Il aborde gaîment, avec force salutations empressées, don Guritan, qui fixe sur lui un regard inquiétant, et s'avance d'un pas roide sur le devant du théâtre.

C'est ici, cher seigneur. Veuillez prendre la peine

Il lui présente un fauteuil. Don Guritan reste debout.

D'entrer, de vous asseoir.—Comme chez vous,—sans gêne.
Enchanté de vous voir. Ça, causons un moment.
Que fait-on à Madrid ? Ah ! quel séjour charmant !
Moi, je ne sais plus rien, je pense qu'on admire
Toujours Matalobos et toujours Lindamire.
Pour moi je craindrais plus, comme péril urgent,
La voleuse de cœurs que le voleur d'argent.
Oh ! les femmes, monsieur ! Cette engeance endiablée
Me tient, et j'ai la tête à leur endroit fêlée.
Parlez, remettez-moi l'esprit en bon chemin.
Je ne suis plus vivant, je n'ai plus rien d'humain,
Je suis un être absurde, un mort qui se réveille,
Un bœuf, un hidalgo de la Castille-Vieille.
On m'a volé ma plume et j'ai perdu mes gants.
J'arrive des pays les plus extravagans.

DON GURITAN.

Vous arrivez, mon cher monsieur? Et bien, j'arrive
Encor bien plus que vous !

DON CÉSAR, épanoui.

De quelle illustre rive ?

DON GURITAN.

De là-bas, dans le nord.

DON CÉSAR.

Et moi, de tout là-bas,
Dans le midi.

DON GURITAN.

Je suis furieux !

DON CÉSAR.

N'est-ce pas?
Moi, je suis enragé!

DON GURITAN.

J'ai fait douze cents lieues!

DON CÉSAR.

Moi, deux mille! j'ai vu des femmes jaunes, bleues,
Noires, vertes. J'ai vu des lieux du ciel bénis,
Alger, la ville heureuse, et l'aimable Tunis,
Où l'on voit, tant ces Turcs ont des façons accortes,
Force gens empaillés accrochés sur les portes.

DON GURITAN.

On m'a joué, monsieur!

DON CÉSAR.

Et moi, l'on m'a vendu!

DON GURITAN.

L'on m'a presque exilé!

DON CÉSAR.

L'on m'a presque pendu!

DON GURITAN.

On m'envoie à Neubourg, d'une manière adroite,
Porter ces quatre mots écrits dans une boîte:
« Gardez le plus long-temps possible ce vieux fou! »

DON CÉSAR, éclatant de rire.

Parfait! qui donc cela?

DON GURITAN.

Mais je tordrai le cou
A César de Bazan!

DON CÉSAR, gravement.

Ah!

DON GURITAN.

Pour comble d'audace,
Tout-à-l'heure il m'envoie un laquais à sa place.

Pour l'excuser, dit-il ! Un dresseur de buffet !
Je n'ai point voulu voir le valet. Je l'ai fait
Chez moi mettre en prison, et je viens chez le maître.
Ce César de Bazan ! cet impudent ! ce traître !
Voyons, que je le tue ! Où donc est-il ?

DON CÉSAR, toujours avec gravité.

C'est moi.

DON GURITAN.

Vous ! — raillez-vous, monsieur ?

DON CÉSAR.

Je suis don César.

DON GURITAN.

Quoi !
Encor !

DON CÉSAR.

Sans doute encor !

DON GURITAN.

Mon cher, quittez ce rôle.
Vous m'ennuyez beaucoup si vous vous croyez drôle.

DON CÉSAR.

Vous, vous m'amusez fort. Et vous m'avez tout l'air
D'un jaloux. Je vous plains énormément, mon cher.
Car le mal qui nous vient des vices qui sont nôtres,
Est pire que le mal que nous font ceux des autres.
J'aimerais mieux encore, et je le dis à vous,
Être pauvre qu'avare et cocu que jaloux.
Vous êtes l'un et l'autre, au reste. Sur mon âme,
J'attends encor ce soir madame votre femme.

DON GURITAN.

Ma femme !

DON CÉSAR.

Oui, votre femme !

DON GURITAN.

Allons ! je ne suis pas
Marié.

DON CÉSAR.

Vous venez faire cet embarras !
Point marié ! Monsieur prend depuis un quart-d'heure
L'air d'un mari qui hurle ou d'un tigre qui pleure,
Si bien que je lui donne, avec simplicité,
Un tas de bons conseils en cette qualité !
Mais si vous n'êtes pas marié, par Hercule,
De quel droit êtes-vous à ce point ridicule ?

DON GURITAN.

Savez-vous bien, monsieur, que vous m'exaspérez ?

DON CÉSAR.

Bah !

DON GURITAN.

Que c'est trop fort !

DON CÉSAR.

Vrai ?

DON GURITAN.

Que vous me le paîrez !

DON CÉSAR.

Il examine d'un air goguenard les souliers de don Guritan, qui disparaissent sous des flots de rubans selon la nouvelle mode.

Jadis on se mettait des rubans sur la tête.
Aujourd'hui, je le vois, c'est une mode honnête,
On en met sur sa botte. On se coiffe les pieds.
C'est charmant !

DON GURITAN.

Nous allons nous battre !

DON CÉSAR, impassible.

Vous croyez ?

DON GURITAN.

Vous n'êtes pas César, la chose me regarde,
Mais je vais commencer par vous.

DON CÉSAR.

Bon. Prenez garde
De finir par moi.

DON GURITAN.

Il lui présente une des deux épées.

Fat! sur-le-champ!

DON CÉSAR, prenant l'épée.

De ce pas!
Quand je tiens un bon duel, je ne le lâche pas!

DON GURITAN.

Où!

DON CÉSAR.

Derrière le mur. Cette rue est déserte.

DON GURITAN, essayant la pointe de l'épée sur le parquet.

Don César, je le tue ensuite!

DON CÉSAR.

Vraiment?

DON GURITAN.

Certe!

DON CÉSAR, faisant aussi ployer son épée.

Bah! l'un de nous deux mort, je vous défie après
De tuer don César.

DON GURITAN.

Sortons!

Ils sortent. On entend le bruit de leurs pas qui s'éloignent. Une petite porte masquée s'ouvre à droite dans le mur, et donne passage à don Salluste.

SCÈNE SIXIÈME.

DON SALLUSTE, vêtu d'un habit vert sombre, presque noir.

Il paraît soucieux et préoccupé. Il regarde et écoute avec inquiétude.

Aucuns apprêts !

Apercevant la table chargée de mets.

Que veut dire ceci?

Écoutant le bruit des pas de César et de Guritan.

Quel est donc ce tapage?

Il se promène rêveur sur l'avant-scène.

Gudiel ce matin a vu sortir le page
Et l'a suivi. — Le page allait chez Guritan. —
Je ne vois pas Ruy Blas. — Et ce page... — Satan!
C'est quelque contre-mine! oui, quelque avis fidèle
Dont il aura chargé don Guritan pour elle!
— On ne peut rien savoir des muets! — C'est cela!
Je n'avais pas prévu ce don Guritan-là!

Rentre don César. Il tient à la main l'épée nue qu'il jette en entrant sur un fauteuil.

SCÈNE SEPTIÈME.

DON SALLUSTE, DON CÉSAR.

DON CÉSAR, du seuil de la porte.

Ah! j'en étais bien sûr! vous voilà donc, vieux diable!

DON SALLUSTE, se retournant, pétrifié.

Don César!

DON CÉSAR, croisant les bras avec un grand éclat de rire.

Vous tramez quelque histoire effroyable?
Mais je dérange tout, pas vrai, dans ce moment?

Je viens au beau milieu m'épater lourdement !

DON SALLUSTE, à part.

Tout est perdu !

DON CÉSAR, riant.

Depuis toute la matinée,
Je patauge à travers vos toiles d'araignée.
Aucun de vos projets ne doit être debout.
Je m'y vautre au hasard. Je vous démolis tout.
C'est très-réjouissant.

DON SALLUSTE, à part.

Démon ! qu'a-t-il pu faire ?

DON CÉSAR, riant de plus en plus fort.

Votre homme au sac d'argent, — qui venait pour l'affaire !
— Pour ce que vous savez ! — qui vous savez ! —

Il rit.

Parfait !

DON SALLUSTE.

Eh bien ?

DON CÉSAR.

Je l'ai soûlé.

DON SALLUSTE.

Mais l'argent qu'il avait ?

DON CÉSAR, majestueusement.

J'en ai fait des cadeaux à diverses personnes.
Dame ! on a des amis.

DON SALLUSTE.

A tort tu me soupçonnes...
Je....

DON CÉSAR, faisant sonner ses grègues.

J'ai d'abord rempli mes poches, vous pensez.

Il se remet à rire.

Vous savez bien ? la dame !...

DON SALLUSTE.

Oh !

DON CÉSAR, qui remarque son anxiété.

Que vous connaissez. —

Don Salluste écoute avec un redoublement d'angoisse. Don César poursuit en riant.

Qui m'envoie une duègne, affreuse compagnonne,
Dont la barbe fleurit et dont le nez trognonne...

DON SALLUSTE.

Pourquoi ?

DON CÉSAR.

Pour demander, par prudence et sans bruit,
Si c'est bien don César qui l'attend cette nuit ?...

DON SALLUSTE.

A part.

Ciel !

Haut.

Qu'as-tu répondu ?

DON CÉSAR.

J'ai dit que oui, mon maître !
Que je l'attendais !

DON SALLUSTE, à part.

Tout n'est pas perdu peut-être !

DON CÉSAR.

Enfin, votre tueur, votre grand capitan,
Qui m'a dit sur le pré s'appeler — Guritan,

Mouvement de don Salluste.

Qui ce matin n'a pas voulu voir, l'homme sage,
Un laquais de César lui portant un message,
Et qui venait céans m'en demander raison.

DON SALLUSTE.

Eh bien ! qu'en as-tu fait ?

DON CÉSAR.

J'ai tué cet oison.

DON SALLUSTE.

Vrai ?

DON CÉSAR.

Vrai. Là, sous le mur, à cette heure il expire.

DON SALLUSTE.

Es-tu sûr qu'il soit mort?

DON CÉSAR.

J'en ai peur.

DON SALLUSTE, à part.

Je respire!
Allons! bonté du ciel! il n'a rien dérangé!
Au contraire. Pourtant, donnons-lui son congé.
Débarrassons-nous-en! quel rude auxiliaire!
Pour l'argent, ce n'est rien.

Haut.

L'histoire est singulière.
Et vous n'avez pas vu d'autres personnes?

DON CÉSAR.

Non.
Mais j'en verrai. Je veux continuer. Mon nom,
Je compte en faire éclat tout à travers la ville.
Je vais faire un scandale affreux. Soyez tranquille.

DON SALLUSTE.

A part.

Diable!

Vivement et se rapprochant de don César.

Garde l'argent, mais quitte la maison!

DON CÉSAR.

Oui? Vous me feriez suivre! on sait votre façon.
Puis je retournerais, aimable destinée,
Contempler ton azur, ô Méditerranée!
Point.

DON SALLUSTE.

Crois-moi.

DON CÉSAR.

Non. D'ailleurs, dans ce palais-prison,

Je sens quelqu'un en proie à votre trahison.
Toute intrigue de cour est une échelle double.
D'un côté, bras liés, morne et le regard trouble,
Monte le patient ; de l'autre, le bourreau.
— Or, vous êtes bourreau — nécessairement.

DON SALLUSTE.

Oh!

DON CÉSAR.

Moi, je tire l'échelle, et patatras.

DON SALLUSTE.

Je jure....

DON CÉSAR.

Je veux, pour tout gâter, rester dans l'aventure.
Je vous sais assez fort, cousin, assez subtil
Pour pendre deux ou trois pantins au même fil.
Tiens! j'en suis un! Je reste!

DON SALLUSTE.

Écoute....

DON CÉSAR.

Rhétorique.
Ah! vous me faites vendre aux pirates d'Afrique!
Ah! vous me fabriquez ici des faux-César!
Ah! vous compromettez mon nom!

DON SALLUSTE.

Hasard!

DON CÉSAR.

Hasard?
Mets que font les fripons pour les sots qui le mangent.
Point de hasard! Tant pis si vos plans se dérangent!
Mais je prétends sauver ceux qu'ici vous perdez.
Je vais crier mon nom sur les toits.

Il monte sur l'appui de la fenêtre et regarde au dehors.

Attendez!

Juste! des alguazils passent sous la fenêtre.

Il passe son bras à travers les barreaux, et l'agite en criant.

Holà!

DON SALLUSTE effaré, sur le devant du théâtre.

A part.

Tout est perdu s'il se fait reconnaître!

Entrent des alguazils précédés d'un alcade. Don Salluste parait en proie à une vive perplexité. Don César va vers l'alcade d'un air de triomphe.

SCÈNE HUITIÈME.

LES MÊMES, UN ALCADE, DES ALGUAZILS.

DON CÉSAR, à l'alcade.

Vous allez consigner dans vos procès-verbaux....

DON SALLUSTE, montrant don César à l'alcade.

Que voici le fameux voleur Matalobos!

DON CÉSAR, stupéfait.

Comment!

DON SALLUSTE, à part.

Je gagne tout en gagnant vingt-quatre heures.

A l'alcade.

Cet homme ose en plein jour entrer dans les demeures.
Saisissez ce voleur.

Les alguazils saisissent don César au collet.

DON CÉSAR, furieux, à don Salluste.

Je suis votre valet,
Vous mentez hardiment!

L'ALCADE.

Qui donc nous appelait?

DON SALLUSTE.

C'est moi.

DON CÉSAR.

Pardieu! c'est fort!

L'ALCADE.

Paix! je crois qu'il raisonne.

DON CÉSAR.

Mais je suis don César de Bazan en personne!

DON SALLUSTE.

Don César?— Regardez son manteau, s'il vous plaît,
Vous trouverez *Salluste* écrit sous le collet.
C'est un manteau qu'il vient de me voler.

Les alguazils arrachent le manteau, l'alcade l'examine.

L'ALCADE.

C'est juste.

DON SALLUSTE.

Et le pourpoint qu'il porte....

DON CÉSAR, à part.

Oh! le damné Salluste!

DON SALLUSTE, continuant.

Il est au comte d'Albe auquel il fut volé.... —

Montrant un écusson brodé sur le parement de la manche gauche.

Dont voici le blason!

DON CÉSAR, à part.

Il est ensorcelé!

L'ALCADE, examinant le blason.

Oui, les deux châteaux d'or....

DON SALLUSTE.

Et puis, les deux chaudières.
Enriquez et Gusman.

En se débattant, don César fait tomber quelques doublons de ses poches. Don Salluste montre à l'alcade la façon dont elles sont remplies.

Sont-ce là les manières
Dont les honnêtes gens portent l'argent qu'ils ont?

L'ALCADE, hochant la tête.

Hum!

DON CÉSAR, à part.

Je suis pris!

Les alguazils le fouillent et lui prennent son argent.

UN ALGUAZIL, fouillant.

Voilà des papiers.

DON CÉSAR, à part.

Ils y sont!

Oh! pauvres billets doux sauvés dans mes traverses!

L'ALCADE, examinant les papiers.

Des lettres?... qu'est cela? — d'écritures diverses..?

DON SALLUSTE, lui faisant remarquer les suscriptions.

Toutes au comte d'Albe!

L'ALCADE.

Oui?

DON CÉSAR.

Mais...

LES ALGUAZILS, lui liant les mains.

Pris! quel bonheur!

UN ALGUAZIL, entrant, à l'alcade.

Un homme est là qu'on vient d'assassiner, seigneur.

L'ALCADE.

Quel est l'assassin?

DON SALLUSTE, montrant don César.

Lui!

DON CÉSAR, à part.

Ce duel! quelle équipée!

DON SALLUSTE.

En entrant, il tenait à la main une épée.
La voilà.

L'ALCADE, examinant l'épée.

Du sang. — Bien.

A don César.

Allons, marche avec eux !

DON SALLUSTE, à don César que les alguazils emmènent.

Bonsoir, Matalobos.

DON CÉSAR, faisant un pas vers lui et le regardant fixement.

Vous êtes un fier gueux !

FIN DU QUATRIÈME ACTE.

ACTE CINQUIÈME.

LE TIGRE ET LE LION.

PERSONNAGES.

RUY BLAS.
DON SALLUSTE.
LA REINE.

ACTE CINQUIÈME.

Même chambre. C'est la nuit. Une lampe est posée sur la table. Au lever du rideau Ruy Blas est seul. Une sorte de longue robe noire cache ses vêtemens.

SCÈNE PREMIÈRE.

RUY BLAS, seul.

C'est fini. Rêve éteint! Visions disparues!
Jusqu'au soir au hasard j'ai marché dans les rues.
J'espère en ce moment. Je suis calme. La nuit
On pense mieux. La tête est moins pleine de bruit.
Rien de trop effrayant sur ces murailles noires;
Les meubles sont rangés, les clés sont aux armoires.
Les muets sont là-haut qui dorment. La maison
Est vraiment bien tranquille. Oh! oui, pas de raison
D'alarme. Tout va bien. Mon page est très-fidèle.
Don Guritan est sûr alors qu'il s'agit d'elle.
O mon Dieu! n'est-ce pas que je puis vous bénir,
Que vous avez laissé l'avis lui parvenir,
Que vous m'avez aidé, vous Dieu bon, vous Dieu juste,
A protéger cet ange, à déjouer Salluste,
Qu'elle n'a rien à craindre, hélas! rien à souffrir,
Et qu'elle est bien sauvée, — et que je puis mourir?

Il tire de sa poitrine une petite fiole qu'il pose sur la table.

Oui, meurs maintenant, lâche! et tombe dans l'abîme!
Meurs comme on doit mourir quand on expie un crime!

Meurs dans cette maison, vil, misérable et seul !

Il écarte sa robe noire sous laquelle on entrevoit la livrée qu'il portait au premier acte.

— Meurs avec ta livrée enfin sous ton linceul !
— Dieu ! Si ce démon vient voir sa victime morte,

Il pousse un meuble de façon à barricader la porte secrète.

Qu'il n'entre pas du moins par cette horrible porte !

Il revient vers la table.

— Oh ! le page a trouvé Guritan, c'est certain,
Il n'était pas encor huit heures du matin.

Il fixe son regard sur la fiole.

— Pour moi, j'ai prononcé mon arrêt, et j'apprête
Mon supplice, et je vais moi-même sur ma tête
Faire choir du tombeau le couvercle pesant.
J'ai du moins le plaisir de penser qu'à présent
Personne n'y peut rien. Ma chute est sans remède !

S'asseyant sur le fauteuil.

Elle m'aimait pourtant ! — Que Dieu me soit en aide !
Je n'ai pas de courage !

Il pleure.

Oh ! l'on aurait bien dû
Nous laisser en paix !

Il cache sa tête dans ses mains et pleure à sanglots.

Dieu !

Relevant la tête et comme égaré, regardant la fiole.

L'homme, qui m'a vendu
Ceci, me demandait quel jour du mois nous sommes.
Je ne sais pas. J'ai mal dans la tête. Les hommes
Sont méchans. Vous mourez, personne ne s'émeut.
Je souffre ! — Elle m'aimait ! — Et dire qu'on ne peut
Jamais rien ressaisir d'une chose passée ! —
Je ne la verrai plus ! — Sa main que j'ai pressée,
Sa bouche qui toucha mon front... — Ange adoré !
Pauvre ange ! — Il faut mourir, mourir désespéré !

Sa robe où tous les plis contenaient de la grace,
Son pied qui fait trembler mon âme quand il passe,
Son œil où s'enivraient mes yeux irrésolus,
Son sourire, sa voix... — Je ne la verrai plus!
Je ne l'entendrai plus! — Enfin c'est donc possible?
Jamais!

Il avance avec angoisse sa main vers la fiole; au moment où il la saisit convulsivement, la porte du fond s'ouvre. La reine paraît, vêtue de blanc, avec une mante de couleur sombre, dont le capuchon, rejeté sur ses épaules, laisse voir sa tête pâle. Elle tient une lanterne sourde à la main, elle la pose à terre et marche rapidement vers Ruy Blas.

SCÈNE DEUXIÈME.

RUY BLAS, LA REINE.

LA REINE, entrant.

Don César!

RUY BLAS, se retournant avec un mouvement d'épouvante, et fermant précipitamment la robe qui cache sa livrée.

Dieu! c'est elle! — Au piége horrible
Elle est prise!

Haut.

Madame!...

LA REINE.

Eh bien, quel cri d'effroi!
César....

RUY BLAS.

Qui vous a dit de venir ici?

LA REINE.

Toi.

RUY BLAS.

Moi? — Comment?

LA REINE.

J'ai reçu de vous....

RUY BLAS, haletant.

Parlez donc vite!

LA REINE.

Une lettre.

RUY BLAS.

De moi?

LA REINE.

De votre main écrite.

RUY BLAS.

Mais c'est à se briser le front contre le mur!
Mais je n'ai pas écrit, pardieu! j'en suis bien sûr!

LA REINE, tirant de sa poitrine un billet qu'elle lui présente.

Lisez donc.

Ruy Blas prend la lettre avec emportement, se penche vers la lampe et lit.

RUY BLAS, lisant.

« Un danger terrible est sur ma tête.
« Ma reine seule peut conjurer la tempête....

Il regarde la lettre avec stupeur, comme ne pouvant aller plus loin.

LA REINE, continuant et lui montrant du doigt la ligne qu'elle lit.

« En venant me trouver ce soir dans ma maison.
« Sinon, je suis perdu.

RUY BLAS, d'une voix éteinte.

Ho! quelle trahison!

Ce billet!

LA REINE, continuant de lire.

« Par la porte au bas de l'avenue,
« Vous entrerez la nuit sans être reconnue.
« Quelqu'un de dévoué vous ouvrira. »

RUY BLAS, à part.

J'avais

Oublié ce billet.

A la reine, d'une voix terrible.

Allez-vous-en !

LA REINE.

Je vais
M'en aller, don César. O mon Dieu, que vous êtes
Méchant ! qu'ai-je donc fait ?

RUY BLAS.

O ciel ! ce que vous faites ?
Vous vous perdez !

LA REINE.

Comment ?

RUY BLAS.

Je ne puis l'expliquer.
Fuyez vite.

LA REINE.

J'ai même, et pour ne rien manquer,
Eu le soin d'envoyer ce matin un duègne....

RUY BLAS.

Dieu !—mais à chaque instant, comme d'un cœur qui saigne,
Je sens que votre vie à flots coule et s'en va.
Partez !

LA REINE, *comme frappée d'une idée subite.*

Le dévoûment que mon amour rêva
M'inspire. Vous touchez à quelque instant funeste.
Vous voulez m'écarter de vos dangers ! — Je reste.

RUY BLAS.

Ah ! Voilà, par exemple, une idée ! ô mon Dieu !
Rester à pareille heure et dans un pareil lieu !

LA REINE.

La lettre est bien de vous. Ainsi...

RUY BLAS, *levant les bras au ciel avec désespoir.*

Bonté divine !

LA REINE.

Vous voulez m'éloigner.

RUY BLAS, lui prenant les mains.

Comprenez !

LA REINE.

Je devine.

Dans le premier moment vous m'écrivez, et puis...

RUY BLAS.

Je ne t'ai pas écrit. Je suis un démon. Fuis !
Mais c'est toi, pauvre enfant, qui te prends dans un piége !
Mais c'est vrai ! mais l'enfer de tous côtés t'assiége !
Pour te persuader je ne trouve donc rien ?
Écoute, comprends donc, je t'aime, tu sais bien.
Pour sauver ton esprit de ce qu'il imagine,
Je voudrais arracher mon cœur de ma poitrine !
Oh ! je t'aime. Va-t'en !

LA REINE.

Don César...

RUY BLAS.

Oh ! va-t'en !
— Mais j'y songe, on a dû t'ouvrir ?

LA REINE.

Mais oui.

RUY BLAS.

Satan !
Qui ?

LA REINE.

Quelqu'un de masqué, caché par la muraille.

RUY BLAS.

Masqué ! Qu'a dit cet homme ? est-il de haute taille ?
Cet homme, quel est-il ? Mais parle donc ! j'attends !

Un homme en noir et masqué paraît à la porte du fond.

L'HOMME MASQUÉ.

C'est moi !

Il ôte son masque. C'est don Salluste. La reine et Ruy Blas le reconnaissent avec terreur.

SCÈNE TROISIÈME.

LES MÊMES, DON SALLUSTE.

RUY BLAS.

Grand Dieu! — Fuyez, madame!

DON SALLUSTE.

Il n'est plus temps.
Madame de Neubourg n'est plus reine d'Espagne.

LA REINE, avec horreur.

Don Salluste!

DON SALLUSTE, montrant Ruy Blas.

A jamais vous êtes la compagne
De cet homme.

LA REINE.

Grand Dieu! c'est un piége en effet!
Et don César....

RUY BLAS, désespéré.

Madame, hélas! qu'avez-vous fait!

DON SALLUSTE, s'avançant à pas lents vers la reine.

Je vous tiens. — Mais je vais parler, sans lui déplaire,
A votre majesté, car je suis sans colère.
Je vous trouve, — écoutez, ne faisons pas de bruit, —
Seule avec don César, dans sa chambre, à minuit.
Ce fait, — pour une reine, — étant public, — en somme,
Suffit pour annuler le mariage à Rome.
Le Saint-Père en serait informé promptement.
Mais on supplée au fait par le consentement.
Tout peut rester secret.

Il tire de sa poche un parchemin qu'il déroule et qu'il présente à la reine.

Signez-moi cette lettre

Au seigneur notre roi. Je la ferai remettre
Par le grand écuyer au notaire mayor.
Ensuite, — une voiture où j'ai mis beaucoup d'or,

Désignant le dehors.

Est là. — Partez tous deux sur-le-champ. Je vous aide.
Sans être inquiétés, vous pourrez par Tolède
Et par Alcantara gagner le Portugal.
Allez où vous voudrez, cela nous est égal.
Nous fermerons les yeux. — Obéissez. Je jure
Que seul en ce moment je connais l'aventure;
Mais si vous refusez, Madrid sait tout demain.
Ne nous emportons pas. Vous êtes dans ma main.

Montrant la table sur laquelle il y a un écritoire.

Voilà tout ce qu'il faut pour écrire, madame.

LA REINE, atterée, tombant sur le fauteuil.

Je suis en son pouvoir !

DON SALLUSTE.

De vous je ne réclame
Que ce consentement pour le porter au roi.

Bas à Ruy Blas, qui écoute tout immobile et comme frappé de la foudre.

Laisse-moi faire, ami, je travaille pour toi.

A la reine.

Signez.

LA REINE, tremblante, à part.

Que faire ?

DON SALLUSTE, se penchant à son oreille et lui présentant une plume.

Allons ! qu'est-ce qu'une couronne ?
Vous gagnez le bonheur si vous perdez le trône.
Tous mes gens sont restés dehors. On ne sait rien
De ceci. Tout se passe entre nous trois.

Essayant de lui mettre la plume entre les doigts sans qu'elle la repousse ni la prenne.

Eh bien ?

La reine indécise et égarée le regarde avec angoisse.

Si vous ne signez point, vous vous frappez vous-même.
Le scandale et le cloître !

LA REINE, accablée.

O Dieu !

DON SALLUSTE, montrant Ruy Blas.

César vous aime.
Il est digne de vous. Il est, sur mon honneur,
De fort grande maison. Presqu'un prince. Un seigneur
Ayant donjon sur roche et fief dans la campagne.
Il est duc d'Olmedo, Bazan, et grand d'Espagne....

Il pousse sur le parchemin la main de la reine éperdue et tremblante et qui semble prête à signer.

RUY BLAS, comme se réveillant tout-à-coup.

Je m'appelle Ruy Blas, et je suis un laquais !

Arrachant des mains de la reine la plume et le parchemin qu'il déchire.

Ne signez pas, madame ! — Enfin ! — Je suffoquais !

LA REINE.

Que dit-il ? don César !

RUY BLAS, laissant tomber sa robe et se montrant vêtu de la livrée ; sans épée.

Je dis que je me nomme
Ruy Blas, et que je suis le valet de cet homme !

Se tournant vers don Salluste.

Je dis que c'est assez de trahison ainsi,
Et que je ne veux pas de mon bonheur ! — Merci !
— Ah ! vous avez eu beau me parler à l'oreille ! —
Je dis qu'il est bien temps qu'enfin je me réveille,
Quoique tout garotté dans vos complots hideux,
Et que je n'irai pas plus loin, et qu'à nous deux,
Monseigneur, nous faisons un assemblage infâme,
J'ai l'habit d'un laquais, et vous en avez l'âme !

DON SALLUSTE, à la reine, froidement.

Cet homme est en effet mon valet.

A Ruy Blas avec autorité.

Plus un mot.

LA REINE, laissant échapper un cri de désespoir et se tordant les mains.

Juste ciel!

DON SALLUSTE, poursuivant.

Seulement il a parlé trop tôt.

Il croise les bras et se redresse, avec une voix tonnante.

Eh bien oui! maintenant disons tout. Il n'importe!
Ma vengeance est assez complète de la sorte.

A la reine.

Qu'en pensez-vous? Madrid va rire, sur ma foi?
Ah! vous m'avez cassé! je vous détrône, moi.
Ah! vous m'avez banni! je vous chasse, et m'en vante!
Ah! vous m'avez pour femme offert votre suivante!

Il éclate de rire.

Moi, je vous ai donné mon laquais pour amant.
Vous pourrez l'épouser aussi! certainement.
Le roi s'en va! — Son cœur sera votre richesse!

Il rit.

Et vous l'aurez fait duc afin d'être duchesse!

Grinçant des dents.

Ah! vous m'avez brisé, flétri, mis sous vos pieds,
Et vous dormiez en paix, folle que vous étiez!

Pendant qu'il a parlé, Ruy Blas est allé à la porte du fond et en a poussé le verrou, puis il s'est approché de lui sans qu'il s'en soit aperçu, par derrière, à pas lents. Au moment où don Salluste achève, fixant des yeux pleins de haine et de triomphe sur la reine anéantie, Ruy Blas saisit l'épée du marquis par la poignée et la tire vivement.

RUY BLAS, terrible, l'épée de don Salluste à la main.

Je crois que vous venez d'insulter votre reine!

Don Salluste se précipite vers la porte. Ruy Blas la lui barre.

— Oh! n'allez point par là, ce n'en est pas la peine,

J'ai poussé le verrou depuis long-temps déjà. —
Marquis, jusqu'à ce jour Satan te protégea,
Mais s'il veut t'arracher de mes mains, qu'il se montre!
— A mon tour! — on écrase un serpent qu'on rencontre.
— Personne n'entrera ni tes gens, ni l'enfer!
Je te tiens écumant sous mon talon de fer!
— Cet homme vous parlait insolemment, madame?
Je vais vous expliquer. Cet homme n'a point d'âme,
C'est un monstre. En riant hier il m'étouffait.
Il m'a broyé le cœur à plaisir. Il m'a fait
Fermer une fenêtre, et j'étais au martyre!
Je priais! je pleurais! je ne peux pas vous dire!

Au marquis.

Vous contiez vos griefs dans ces derniers momens.
Je ne répondrai pas à vos raisonnemens,
Et d'ailleurs — je n'ai pas compris. — Ah! misérable!
Vous osez, — votre reine! une femme adorable!
Vous osez l'outrager quand je suis là! — Tenez,
Pour un homme d'esprit, vraiment, vous m'étonnez!
Et vous vous figurez que je vous verrai faire
Sans rien dire! — Écoutez, quelle que soit sa sphère,
Monseigneur, lorsqu'un traître, un fourbe tortueux,
Commet de certains faits rares et monstrueux,
Noble ou manant, tout homme a droit, sur son passage,
De venir lui cracher sa sentence au visage,
Et de prendre une épée, une hache, un couteau!... —
Pardieu! j'étais laquais! quand je serais bourreau?

LA REINE.

Vous n'allez pas frapper cet homme?

RUY BLAS.

Je me blâme
D'accomplir devant vous ma fonction, madame.
Mais il faut étouffer cette affaire en ce lieu.

Il pousse don Salluste vers le cabinet.

— C'est dit, monsieur ! allez là-dedans prier Dieu !

DON SALLUSTE

C'est un assassinat !

RUY BLAS.

Crois-tu ?

DON SALLUSTE, désarmé, et jetant un regard plein de rage autour de lui.

Sur ces murailles

Rien ! pas d'arme !

A Ruy Blas.

Une épée au moins !

RUY BLAS.

Marquis ! tu railles !

Maître ! est-ce que je suis un gentilhomme, moi ?
Un duel ! fi donc ! je suis un de tes gens à toi,
Valetaille de rouge et de galons vêtue,
Un maraud qu'on châtie et qu'on fouette, — et qui tue.
Oui, je vais te tuer, monseigneur, vois-tu bien ?
Comme un infâme ! comme un lâche ! comme un chien !

LA REINE.

Grâce pour lui !

RUY BLAS, à la reine, saisissant le marquis.

Madame, ici chacun se venge.
Le démon ne peut plus être sauvé par l'ange !

LA REINE, à genoux.

Grâce !

DON SALLUSTE, appelant.

Au meurtre ! au secours ?

RUY BLAS, levant l'épée.

As-tu bientôt fini ?

DON SALLUSTE, se jetant sur lui en criant.

Je meurs assassiné ! Démon !

RUY BLAS, le poussant dans le cabinet.

Tu meurs puni!

Ils disparaissent dans le cabinet, dont la porte se referme sur eux.

LA REINE, restée seule, tombant demi-morte sur le fauteuil.

Ciel!

Un moment de silence. Rentre Ruy Blas, pâle, sans épée.

SCÈNE QUATRIÈME.

LA REINE, RUY BLAS.

Ruy Blas fait quelques pas en chancelant vers la reine immobile et glacée, puis il tombe à deux genoux, l'œil fixé à terre, comme s'il n'osait lever les yeux jusqu'à elle.

RUY BLAS, d'une voix grave et basse.

Maintenant, madame, il faut que je vous dise.
— Je n'approcherai pas. — Je parle avec franchise.
Je ne suis point coupable autant que vous croyez.
Je sens, ma trahison, comme vous la voyez,
Doit vous paraître horrible... Oh! ce n'est pas facile
A raconter. Pourtant je n'ai pas l'âme vile.
Je suis honnête au fond. — Cet amour m'a perdu. —
Je ne me défends pas, je sais bien, j'aurais dû
Trouver quelque moyen. La faute est consommée!
— C'est égal, voyez-vous, je vous ai bien aimée.

LA REINE.

Monsieur...

RUY BLAS, toujours à genoux.

N'ayez pas peur, je n'approcherai point.
A votre majesté je vais de point en point
Tout dire. Oh! croyez-moi, je n'ai pas l'âme vile!
Aujourd'hui tout le jour j'ai couru par la ville
Comme un fou. Bien souvent même on m'a regardé.

Auprès de l'hôpital que vous avez fondé,
J'ai senti vaguement, à travers mon délire,
Une femme du peuple essuyer sans rien dire
Les gouttes de sueur qui tombaient de mon front.
Ayez pitié de moi, mon Dieu ! mon cœur se rompt !

LA REINE.

Que voulez-vous?

RUY BLAS, joignant les mains.

Que vous me pardonniez, madame !

LA REINE.

Jamais.

RUY BLAS.

Jamais !

Il se lève et marche lentement vers la table.

Bien sûr?

LA REINE.

Non, jamais !

RUY BLAS.

Il prend la fiole posée sur la table, la porte à ses lèvres et la vide d'un trait.

Triste flamme,
Éteins-toi !

LA REINE, se levant et courant à lui.

Que fait-il?

RUY BLAS, posant la fiole.

Rien. Mes maux sont finis.
Rien. Vous me maudissez, et moi je vous bénis.
Voilà tout.

LA REINE, éperdue.

Don César !

RUY BLAS.

Quand je pense, pauvre ange,
Que vous m'avez aimé !

LA REINE.

Quel est ce philtre étrange?

Qu'avez-vous fait? Dis-moi! réponds-moi! parle-moi!
César! je te pardonne et t'aime et je te croi!

RUY BLAS.

Je m'appelle Ruy Blas.

LA REINE, l'entourant de ses bras.

Ruy Blas, je vous pardonne!
Mais qu'avez-vous fait là? Parle, je te l'ordonne!
Ce n'est pas du poison, cette affreuse liqueur?
Dis?

RUY BLAS.

Si! c'est du poison. Mais j'ai la joie au cœur.

Tenant la reine embrassée et levant les yeux au ciel.

Permettez, ô mon Dieu! justice souveraine!
Que ce pauvre laquais bénisse cette reine,
Car elle a consolé mon cœur crucifié,
Vivant, par son amour, mourant, par sa pitié!

LA REINE.

Du poison! Dieu! c'est moi qui l'ai tué! Je t'aime!
Si j'avais pardonné?

RUY BLAS, défaillant.

J'aurais agi de même.

Sa voix s'éteint, la reine le soutient dans ses bras.

Je ne pouvais plus vivre. Adieu!...

Montrant la porte.

Fuyez d'ici!
— Tout restera secret. — Je meurs!

Il tombe.

LA REINE, se jetant sur son corps.

Ruy Blas!

RUY BLAS, qui allait mourir, se réveille à son nom prononcé par la reine.

Merci!

FIN.

NOTE.

NOTE.

Il est arrivé à l'auteur de voir représenter en province *Angelo, tyran de Padoue*, par des acteurs qui prononçaient *Tisbe, Dafne*, fort satisfaisans du reste, sous d'autres rapports. Il lui paraît donc utile d'indiquer ici, pour ceux qui pourraient l'ignorer, que, dans les noms espagnols et italiens, les *e* doivent se prononcer *é*. Quand on lit *Teve*, *Camporeal*, *Oñate*, il faut dire *Tévé*, *Camporéal*, *Ognâté*. Après cette observation, qui s'adresse particulièrement aux régisseurs des théâtres de province où l'on pourrait monter *Ruy Blas*, l'auteur croit à propos d'expliquer, pour le lecteur, deux ou trois mots spéciaux employés dans ce drame. Ainsi, *almojarifazgo* est le mot arabe par lequel on désignait, dans l'ancienne monarchie espagnole, le tribut de cinq pour cent que payaient au roi toutes les marchandises qui allaient d'Espagne aux Indes, ainsi l'impôt des *ports-secs* signifie le droit de douane des villes frontières. Du reste, et cela va sans dire, il n'y a pas dans *Ruy Blas* un détail de vie privée ou publique, d'intérieur, d'ameublement, de blason, d'étiquette, de biographie, de chiffre ou de topographie qui ne soit scrupuleusement exact. Ainsi, quand le comte de Camporeal dit : *La maison de la reine, ordinaire et civile, coûte par an six cent soixante-quatre mille soixante-six ducats*, on peut consulter *Solo Madrid es corte*, on y trouvera cette somme pour le règne de Charles II, sans un maravedi de plus ou de moins. Quand don Salluste dit : *Sandoval porte d'or à la bande de sable*, on n'a qu'à recourir au registre de la grandesse pour s'assurer que don Salluste ne change rien au blason de Sandoval. Quand le laquais du quatrième acte dit : *L'or est en souverains, bons quadruples pesant sept gros trente-six grains, ou bons doublons au marc*, on peut ouvrir le livre des monnaies publié sous Philippe IV, *en la imprenta real*. De même pour le reste.

L'auteur pourrait multiplier à l'infini ce genre d'observations, mais on comprendra qu'il s'arrête ici... Toutes ses pièces pourraient être escortées d'un volume de notes dont il se dispense et dont il dispense le lecteur. Il l'a déjà dit ailleurs, et il espère qu'on s'en souvient peut-être, *à défaut de talent il a la conscience*. Et cette conscience, il veut la porter en tout, dans les petites choses comme dans les grandes, dans la citation d'un chiffre comme dans la peinture des cœurs et des âmes, dans le dessin d'un blason comme dans l'analyse des caractères et des passions. Seulement, il croit devoir maintenir rigoureusement chaque chose dans sa proportion, et ne jamais souffrir que le petit détail sorte de sa place. Les petits détails d'histoire et de vie domestique doivent être scrupuleusement étudiés et reproduits par le poète, mais uniquement comme des moyens d'accroître la réalité de l'ensemble, et de faire pénétrer jusque dans les coins les plus obscurs de l'œuvre cette vie générale et puissante au milieu de laquelle les personnages sont plus vrais, et les catastrophes, par conséquent, plus poignantes. Tout doit être subordonné à ce but. L'homme sur le premier plan, le reste au fond.

Pour en finir avec les observations minutieuses, notons encore en passant que Ruy Blas, au théâtre, dit (IIIe acte) : Monsieur de Priego, *comme sujet du roi*, etc., et que dans le livre il dit : *comme noble du roi*. Le livre donne l'expression juste. En Espagne, il y avait deux espèces de nobles, *les nobles du royaume*, c'est-à-dire tous les gentilshommes, et *les nobles du roi*, c'est-à-dire les grands d'Espagne. Or, M. de Priego est grand d'Espagne, et, par conséquent, noble du roi. Mais l'expression aurait pu paraître obscure à quelques spectateurs peu lettrés ; et comme au théâtre deux ou trois personnes qui ne comprennent pas se croient parfois le droit de troubler deux mille personnes qui comprennent, l'auteur a fait dire à Ruy Blas, *sujet du roi* pour *noble du roi*, comme il avait déjà fait dire à Angelo Malipieri *la croix rouge* au lieu de *la croix de gueules.* Il en offre ici toutes ses excuses aux spectateurs intelligens.

Maintenant qu'on lui permette d'accomplir un devoir qui est pour lui un plaisir, c'est-à-dire d'adresser un remercîment public à cette troupe excellente qui vient de se révéler tout-à-coup par *Ruy Blas* au public parisien dans la belle salle Ventadour, et qui a tout à la fois l'éclat des troupes neuves et l'ensemble des troupes anciennes. Il n'est pas un personnage de cette pièce, si petit qu'il soit, qui ne soit remarquablement bien représenté, et plusieurs des rôles secondaires laissent entrevoir aux connaisseurs, par des ouvertures trop étroites à la vérité, des talens fort distingués. Grâce, en grande partie, à cette troupe si intelligente et si bien faite, de hautes destinées attendent, nous n'en doutons pas, ce magnifique théâtre, déjà aussi royal qu'aucun des théâtres royaux, et plus utile aux lettres qu'aucun des théâtres subventionnés.

Quant à nous, pour nous borner aux rôles principaux, félicitons M. Féréol de cette science d'excellent comédien avec laquelle il a reproduit la figure chevaleresque et gravement bouffonne de don Guritan. Au dix-septième siècle, il restait encore en Espagne quelques Don-Quichottes malgré Cervantes. M. Féréol s'en est spirituellement souvenu.

M. Alexandre Mauzin a supérieurement compris et composé don Salluste. Don Salluste, c'est Satan, mais c'est Satan grand d'Espagne de première classe ; c'est l'orgueil du démon sous la fierté du marquis ; du bronze sous de l'or ; un personnage poli, sérieux, contenu, sobrement railleur, froid, lettré, homme du monde, avec des éclairs infernaux. Il faut à l'acteur qui aborde ce rôle, et c'est ce que tous les connaisseurs ont trouvé dans M. Alexandre, une manière tranquille, sinistre et grande, avec deux explosions terribles, l'une au commencement, l'autre à la fin.

Le rôle de don César a naturellement eu beaucoup d'aventures dont les journaux et les tribunaux ont entretenu le public. En somme, le résultat a été le plus heureux du monde. Don César a fort cavalièrement pris au boulevard et fort légitimement donné à la comédie un bien qui lui appartenait, c'est-à-dire le talent vrai, fin, souple, charmant, irrésistiblement gai et singulièrement littéraire de M. Saint-Firmin.

La reine est un ange, et la reine est une femme. Le double aspect de cette chaste figure a été reproduit par mademoiselle Louise Beaudouin avec une intelligence rare et exquise. Au cinquième acte, Marie de Neubourg repousse le laquais et s'attendrit sur le mourant; reine devant la faute, elle redevient femme devant l'expiation. Aucune de ces nuances n'a échappé à mademoiselle Beaudouin, qui s'est élevée très-haut dans ce rôle. Elle a eu la pureté, la dignité et le pathétique.

Quant à M. Frédérick Lemaître, qu'en dire? Les acclamations enthousiastes de la foule le saisissent à son entrée en scène et le suivent jusqu'après le dénouement. Rêveur et profond au premier acte, mélancolique au deuxième, grand, passionné et sublime au troisième, il s'élève au cinquième acte à l'un de ces prodigieux effets tragiques, du haut desquels l'acteur rayonnant domine tous les souvenirs de son art. Pour les vieillards, c'est Lekain et Garrick mêlés dans un seul homme; pour nous, contemporains, c'est l'action de Kean combinée avec l'émotion de Talma. Et puis, partout, à travers les éclairs éblouissans de son jeu, M. Frédérick a des larmes, de ces vraies larmes qui font pleurer les autres, de ces larmes dont parle Horace, *Si vis me flere dolendum est primum ipsi tibi*. Dans *Ruy Blas*, M. Frédérick réalise pour nous l'idéal du grand acteur. Il est certain que toute sa vie de théâtre, le passé comme l'avenir, sera illuminée par cette création radieuse. Pour M. Frédérick, la soirée du 8 novembre 1838 n'a pas été une représentation, mais une transfiguration.

FIN DE LA NOTE.

TABLE.

www.ingramcontent.com/pod-product-compliance
Ingram Content Group UK Ltd.
Pitfield, Milton Keynes, MK11 3LW, UK
UKHW031847260826
14628UKWH00002B/646